핀테크 혁신,
미래 산업과 금융의 판을 바꾸다

핀테크 혁신, 미래 산업과 금융의 판을 바꾸다

발 행 일   2017년 3월 23일

지 은 이   이석근, 서정희
펴 낸 이   손 형 국
펴 낸 곳   ㈜ 북랩
편 집 인   선일영   편 집   이종무, 권유선, 송재병, 최예은
디 자 인   이현수, 이정아, 김민하, 한수희   제 작   박기성, 황동현, 구성우
마 케 팅   김회란, 박진관
출판등록   2004. 12. 1(제2012-000051호)
주   소   서울시 금천구 가산디지털 1로 168, 우림라이온스밸리 B동 B113, 114호
홈페이지   www.book.co.kr
전화번호   (02)2026-5777   팩 스   (02)2026-5747

ISBN   979-11-5987-483-3 13000 (종이책)   979-11-5987-484-0 15000 (전자책)

이 도서의 국립중앙도서관 출판예정도서목록(CIP)은 서지정보유통지원시스템 홈페이지(http://seoji.nl.go.kr)와
국가자료공동목록시스템(http://www.nl.go.kr/kolisnet)에서 이용하실 수 있습니다.
(CIP제어번호 : CIP2017007862)

핀테크 혁신

미래 산업과 금융의 판을 바꾸다

이석근·서정희 공저

한국 핀테크 산업의 현주소와
차기 정부의 과제

북랩 book Lab

2015년 세계경제포럼(WEF; World Economic Forum)에 따르면 한국의 경제규모는 전 세계 13위, 통신 인프라 지수는 1위인 반면, 금융서비스는 80위에 그쳤다.

스마트폰으로 웬만한 금융서비스가 구현되는 우리의 첨단 환경 속에서 금융 산업의 경쟁력이 이렇게 낮게 평가된 것은 금융업 종사자들뿐 아니라 일반 소비자들도 다소 의아할 것이다. 더구나 아프리카나 동남아시아의 개발도상국 금융서비스 수준이 우리보다 높은 평가를 받은 것을 보면 더욱 할 말이 없어진다.

'평가오류'라고 생각하고 싶지만, 우리 금융 산업의 초라한 위치를 보여주는 것은 세계경제포럼의 발표내용만이 아니다. 국제 금융전문지 <더 뱅커(The Bankers)> 등 유수의 평가기관이 내놓은 우리 금융 산업의 글로벌 경쟁력 위치는 몇 년 동안 큰 변화 없이 늘 50위권 밖이다. 이쯤 되면 '글로벌 탑'을 홍보해온 국내 금융기관들에 대해 배신감마저 든다.

금융은 '경제의 핏줄'이라고 할 만큼 중요한 역할을 한다. 실물 경제와 금융 경제의 건강한 균형은 경제 발전에 필수적이다. 금융 경쟁력이 낙후성을 면치 못하면 실물과의 불균형을 초래하여 경제는 비틀거리게 된다. 결국 불균형의 폐단은 우리 국민이, 기회는 외국인이 가져갈 가능성이 높아진다.

그렇다면 한국 금융의 후진성은 무엇에 기인하는가? 금융 산업은 규제 산업이라고 한다. 금융 소비자를 보호하기 위한 진입장벽 등 각종 규제가 산업의 형상을 만들어간다. 돈을 다루는 산업이니만큼 엄정한 규제가 서려 있는 것이다. 하지만 역설적으로 우리 금융 산업 경쟁력 저하의 가장 큰 원인은 '규제'다. 산업과 소비자의 보호막이 금융 산업 발전의 장애물이 된 것이다.

환경은 변하기 마련이다. 기술과 소비자, 경쟁시장 등의 환경이 바뀌면 체제의 룰(rule)인 규제도 바뀌게 된다. 룰을 초월하는 기술과 혁신이 규제 변화를 일으키는 것이다. 우리의 금융 규제는 이러한 변화를 따라가는 데 뒤쳐졌고, 심지어 혁신을 막는 역할을 해온 셈이 됐다.

'핀테크'라는 금융 변혁의 거대한 파도가 한국 금융 규제의 방파제를 두드리고 있다. 영국 정부는 금융 규제의 빗장을 풀어 수문을 열고, 밀려오는 '핀테크'라는 파도 위로 올라타 대서양을 넘어 태평양으로의 성공적인 항해를 시작했다. 미국도 뉴욕과 실리콘 밸리의 인력을 기반으로 전 세계 최대의 핀테크 금융 시장을 형성했다. 중국은 핀테크를 기회로 삼고 그동안 뒤쳐진 금융 시스템을 최첨단 수준으로 끌어 올렸다.

세계 최고의 핀테크 허브를 만들어 2015년 한 해에만 6만 명 이상의 고용을 창출한 영국이나 750조 원 이상의 핀테크 거래 규모를 자랑하는 미국, 핀테크 P2P 대출규모 세계 1위를 급속도로 달성한 중국의 공통점은 '규제 철폐'다.

아직도 90%에 육박하는 예대마진 이자수익 의존도, 55% 가량의 높은 이익경비율, 7% 미만인 낮은 국제화 비율, 70%가 넘는 외국인 지분에

2015년 한 해 9천억 원이 넘게 지급된 외국인 배당 등은 한국 금융의 부끄러운 민낯이다.

더 심각한 문제는 금융권에 만연해있는 관치와 낙하산 인사들이 보호막으로서의 규제를 암묵적으로 선호하는 금융권의 이해를 적극적으로 대변해 줄 것이라는 사실이다. 금융 개혁을 가져올 핀테크를 활성화할 수 있는 규제 완화나 철폐보다는 기득권을 지켜 줄 현재가 안전하다고 보는 '금융권', 그리고 규제 지상주의와 보신주의로 점철된 '감독기관'의 밀월이 시작되는 순간이다.

P2P 규제, 인터넷전문은행의 본격적 영업과 직결되는 은산분리, 비금융주력자(산업자본)의 은행 지분 소유 한도 규제, 개인정보 보호 규제 등 수많은 규제들이 핀테크의 발전을 막고 있지만, 규제 기관, 정부 부처, 국회 어디에서도 지난 3년 간 규제를 철폐하기는커녕, 규제 완화마저도 해결할 희망을 보여주지 못하고 있다.

미국과 유럽은 차치하더라도 한국만큼이나 금융의 보수성이 높은 일본마저 2000년 인터넷전문은행을 먼저 출범시켰다. 산업자본이 진입함으로써 금융 시스템이 무너지고, 소비자 피해가 속출하며, 대기업이 금융을 사금고화할 것이라는 우려가 커지는 사이, 우리의 금융 경쟁력은 더욱 저하되고 있다. 소비자들은 빠르게 올리고 늦게 내리는 대출 금리에 신음하며, 수수료를 10분의 1, 혹은 무료로 낮춰줄 금융 혁신의 혜택으로부터 멀어져간다. 이 틈바구니를 외국 공룡 핀테크 기업들이 비집고 들어오고 있다.

알리바바와 페이팔, 구글, 애플, 페이스북 등 ICT기업들은 실시간으로 쌓이는 무궁무진한 고객 정보와의 접점을 통해 금융서비스를 전 세계에 제공하고 있고, 한국 고객도 예외는 아니다. 은행보다 훨씬 큰 자금, 고객, 채널, 그리고 다른 영역의 서비스로 무장한 글로벌 기업들은 그동안 국내 은행이나 규제 기관이 막던 상대와 본질적으로 다른 영향력을 갖고 있다.

이제 시간의 문제다. 스마트폰으로 '은행'이라는 이름이 필요 없는 금융서비스가 이뤄질 날도, 지점 방문을 끊게 될 날도, 그리고 국내 고객이 더 싸고 간편한 글로벌 핀테크 업체의 금융서비스로 갈아탈 날도, 핀테크 금리가 가계 대출의 부담과 자영업자들의 높은 이자 부담의 해법이 될 날도, 나아가 은행이 해결 못하는 청년고용의 대안이 될 날도, 글로벌 핀테크 기술이 국내 규제와 국내 은행의 저항을 넘게 될 날도 모두 시간문제다.

우리 정부는 시급하다는 점을 인식하고 핀테크 개혁을 기회로 금융 산업 혁신 로드맵을 준비해야 한다. 영국과 중국, 일본, 싱가포르, 홍콩, 인도 정부가 수 년 전에 했던 과제를 지금부터라도 해야 한다. 10년을 뒤쳐진 글로벌 핀테크 산업의 수준을 어떻게 따라잡아야 하는지 비전과 전략을 수립해야 한다.

이제 자동차마저도 모바일 IT기기로 여기는 세상이 됐다. 데이터 흐름으로 운영되는 금융은 일찌감치 ICT 산업과의 융합을 통해 언제든 더 발전시킬 수 있는 산업이었다. 핀테크 산업의 혁신과 로드맵도 이런 ICT 혁신의 관점에서 기획돼야 국내 금융은 겨우 글로벌을 쫓아갈 단초가 생긴다.

핀테크발(發) 금융 산업 개혁 테스크포스(TF)가 해야 할 첫 번째 과제는 규제개혁이다. 규제 기관이 손을 떼야 적어도 규제 완화가 시작된다. 네거티브 시스템으로의 전환은 절대 불가하다고 주장하는 규제당국은 규제자들이다. 1970년대 해외로부터 수입 품목 제한을 포지티브 허가에서 네거티브로 바꿀 때도 규제 관련자들을 모두 배제했기 때문에 가능했다.

1960년대 규제인 은산분리도 전폭적으로 완화돼야 한다. 은행산업이 경쟁에 개방되도록 산업자본의 은행설립과 은행 지분 소유를 허가해야 한다. 개인정보보호법 등이 빅데이터 산업 발전에 걸림돌이 되지 않도록 지혜를 짜내야 한다. 이도 저도 안 되면 '금융 규제 프리존'이라도 만들어 핀테크 기술이 고사되는 것을 막아야 한다.

핀테크 인재를 육성하기 위해서는 정부 지원은 물론, 기업, 대학의 다양하고 현실적인 프로그램이 마련돼야 한다. 기존 금융 산업이 고용 증대에 기여하는 비율은 지속적으로 저하되고 있고, 앞으로도 불가피한 구조조정으로 인해 이런 양상은 더 강해질 전망이다. 금융 산업이 고용을 증대하고, 새로운 동력으로 거듭나는 데 핀테크 산업은 절호의 기회가 될 수 있다. 한국노동연구원은 2026년까지 핀테크 일자리 7만 명 창출이 가능하다고 예측했다. 이는 2030년까지 금융권 예상 고용감소를 5배 초과하는 숫자다.

이밖에도 핀테크 산업으로 자본이 지속적으로 유입될 수 있도록 공공부문부터 핀테크 서비스를 의무적으로 사용하게 해야 한다. 또한 P2P를 통한 정부 매칭펀드를 만들어 핀테크 창업시장을 활성화하거나 서민과 자영업자에게 핀테크 서비스의 혜택이 우선적으로 제공돼 수수료와 이자 부담을 줄여 줄 수 있는 금융 정책이 마련돼야 한다.

이 책은 '핀테크'라는 새로운 금융 혁명의 물결과 이로 인해 생기는 글로벌 금융 지각 변동, 뒤쳐져가는 한국 금융 산업의 위기, 기술과 규제의 줄다리기 등 국내외 금융 산업 변화를 기술한다. 이에는 해외 주요국의 금융 정책 변화, 국경의 한계와 산업의 영역도 없는 핀테크 융합 기술 업체들의 성장에 위협받는 전통 금융산업의 위상 변화, 중하위권 밖으로 밀려난 한국 금융권과 규제의 후진성 그리고 이로 인해 성장이 차단된 국내 핀테크 기업과 신 금융혜택을 못 받고 있는 서민과 소상공인들에 대한 상세한 설명을 포함했다.

또한 글로벌 핀테크 트렌드를 따라가기 위해 한국 정부와 기업, 학계가 그려야 하는 필살기 로드맵을 제시했다. 핀테크 로드맵에는 '핀테크 산업은 국내 금융 산업 혁신의 틀에서 만들어져야 한다는 점'과 '핀테크 비전은 규제당국이 만들기보다는 ICT 산업이 주도해야 한다는 점' 등이 담겼다. 이 밖에도 규제 프리존 조성과 규제의 전폭적인 네거티브 시스템 전향이 필요하고, 핀테크 인재 육성 프로그램으로 고용 창출과 산업 활성화를 도모해야 하며, 자본 유입을 위한 세제, 정책 지원, 공공 서비스에의 핀테크 의무 도입 등을 추진해야 하는 점 등 세부 정책들을 제안했다.

핀테크 산업은 시시각각으로 빠르게 성장하고 변해가고 있다. 이 책을 쓰는 와중에도 요원할 것 같았던 인터넷전문은행 허가가 2016년 말미에 이뤄져 몇몇 내용을 수정해야만 했다. 인터넷전문은행은 2008년 금융위원회가 금융 규제 개혁의 일환으로 은행법 개정을 통해 인터넷전문은행 도입을 추진하면서 최초로 논의됐다. 이로부터 8년이 지나서야 그 결과물이 나온 것이다. 미국과 영국, 일본 등의 인터넷전문은행 출범시기와 비교하면 15~20년 뒤쳐진 셈이다. 핀테크 골든타임이 지나가고 있는 것이다.

앞으로 인터넷전문은행이나 핀테크, 그리고 궁극적으로 금융 산업 발전을 위해 해결해 나가야 할 일이 산적하다. 모쪼록 이 책에서 지적된 문제점과 해결 방안들이 시급성과 절박함을 가지고 지속적으로 논의돼 최대한 신속하게 실행될 수 있기를 바란다. 그렇지 않으면 글로벌 핀테크 트렌드를 따라가는 일도, 금융 산업을 혁신하는 일도 요원해질 수 있다.

2017. 2. 14.
이석근 서강대학교 교수
서정희 매일경제TV 대표

CONTENTS

CONTENTS

제1장

한국 핀테크 산업의 비전과 핵심 과제

1. 한국 핀테크 산업의 성적표
2. 금융기득권의 이중적 잣대
3. 금융 규제당국과의 밀월
4. 금융권과 ICT기업의 경쟁

1 한국 핀테크 산업의 성적표

글로벌 회계법인 어니스트영은 2015년 '글로벌 핀테크 허브 평가 보고서'에서 국가의 핀테크 산업 생태계가 원활히 운영되고, 지속적으로 성장하려면 정책 지원과 자본 조달, 인력 수급 및 수요(시장) 창출 등 4가지 요소가 균형을 이룰 때 가능하다고 밝혔다.

이러한 기준으로 평가해보면 한국은 핀테크의 하부 기반(통신 인프라)이나 시장 잠재력 등 몇 가지 분야를 제외하고는 비전과 정책, 자본, 인력, 시장 및 실제 성과 측면에서 압도적 성과를 보이고 있는 영국과 중국, 미국 등 핀테크 선도국보다 핀테크를 위한 준비와 성과가 매우 미흡한 상황이다.

이러한 평가를 뒷받침하듯, 통계조사기관 스타티스타(Statista)에서 선정하는 세계 500대 핀테크 업체는 미국과 영국의 기업이 대부분을 차지하고 있다. 심지어 국내보다 금융환경이 뒤쳐져 있다고 여겨지는 중국마저도 10개 업체가 포함돼있지만, 국내 핀테크 기업은 단 한 기업도 없다.

핀테크 산업 생태계 핵심 성공 요소

주요 요소	세부 내용	설명
1.정책	1-1.정책지원	신규진입자나 혁신적 비즈니스 모델에 대한 정책적 지원
	1-2. 정부 프로그램	해외자본, 경쟁강화, 보안 향상 등 다양한 영역에서 지원 가능한 정부 프로그램
	1.3 세제혜택	핀테크 업체나 투자자에게 제공되는 세제 혜택
2.자본	2-1. 초기 자본	초기 자본 근접 가능성 (~ 50억원)
	2-2. 성장 자본	성장 자본 근접 가능성 (50억원 ~ 100억원)
	2-3. 상장 자본	IPO 시장에 상장 가능성
3. 역량	3-1. 현 가용 역량	현재의 기술적, 재무적, 사업적 역량 수준
	3-2. 미래 가용 역량	국내 및 해외에 적용 가능한 미래 역량 보유 가능성
4.수요	4-1. B2C 수요	일반 고객의 핀테크 수요
	4-2. B2C 수요	자영업자 등 소 상공인들의 핀테크 수요
	4-3. 금융권 수요	금융권에서의 핀테크 수요

출처: 어니스트영(EY), "UK Fintech On the Cutting Edge"

국가별 핀테크 생태계 평가

핀테크 비전	홍콩과 싱가포르의 비전은 "Global Fintech Hub". 반면 한국의 핀테크 비전은? (무엇을 지향하는지 불분명함)

국가	정책			자본			인력		시장			실적		
	정책지원	정부프로그램	세제혜택	초기 자본	성장 자본	상장 자본	현재	미래	B2C	B2B	금융권	핀테크 기업수	500대 포함여부	투자액 (2015년)
영국	High	High	High	High	High	High	High	High	High	High	Medium	7,000 여개	o	9천억원
중국	High	High	Medium	High	High	High	High	High	High	High	Medium	1,700 여개	o	2조원
미국	High	High	Medium	High	High	High	High	High	High	High	Medium	5,000 여개	o	15조원
한국	Low	Medium	Low	Low	Low	Low	Low	Medium	High	High	Low	360개	x	385억원

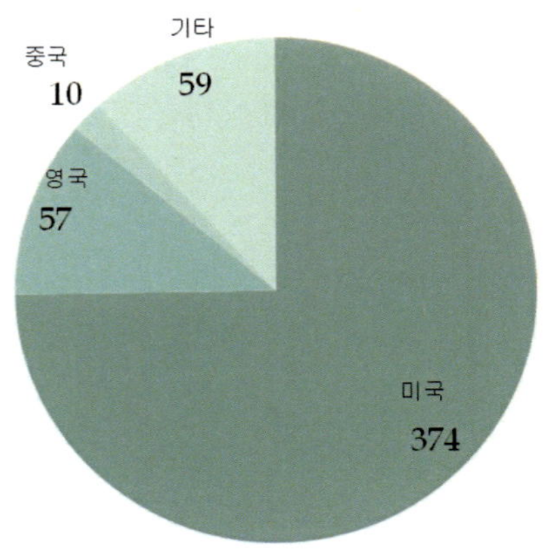

비즈니스 인사이더가 선정한 기업가치가 1조 원 이상 되는 주요 글로벌 핀테크 업체 가운데도 한국의 핀테크 업체는 단 한 기업도 포함돼 있지 않다.

기업가치 1조 원 이상 주요 해외 핀테크사

순위	회사	분야	설립	국가	기업가치(억 달러)
1	Ant Financial	모바일결제	04	중국	600
2	Lufax	P2P대출	11	중국	185
3	JD Finance	전자상거래 개인 대출	98	중국	70
4	Qufenqui	전자상거래 할부 대출	14	중국	59
5	Stripe	지급결제	10	미국	50
6	SoFi	P2P대출 (학생 대출)	11	미국	40
7	Credit Karma	신용평가	07	미국	35
8	Oscar Health	디지털 의료보험	13	미국	27
9	Mozido	모바일결제	05	미국	24
10	Adyen	지급결제	06	네덜란드	23

11	Klarna	지급결제	05	스웨덴	23
12	GreenSky	크라우드	06	미국	20
13	ZhongAn nsurance	온라인보험	13	중국	20
14	Zenefits	SW	13	미국	20
15	One97	모바일결제	00	인도	20
16	Avant Credit	온라인대출	12	미국	20
17	Prosper	P2P대출	05	미국	19
18	FinancialForce.com	회계어플	09	미국	15
19	TransferWise	해외송금	10	영국	11
20	Gusto	급여관리	11	미국	10
21	Funding Circle	P2P대출	09	영국	10
22	Kabbage	P2P대출	09	미국	10
23	Jimubox	P2P대출	13	중국	10
24	Coupa Softwares	지출관리	06	미국	10
25	Zuora	SW(전자구독)	07	미국	10
26	China Rapid inance	P2P대출	01	중국	10
27	Rong360	금융플랫폼(금융상품비교)	11	중국	10

출처: Business Insider, "The 27 fintech unicorns from around the world, ranked by value"

이렇듯 글로벌 핀테크 산업은 미국과 영국의 핀테크 업체들이 전 세계 핀테크 시장의 주류(main stream)를 이루고 있고, 최근에는 중국의 핀테크 업체가 약진을 하고 있는 상황이다.

한국도 2014년 청와대와 금융위원회가 핀테크 강화에 대한 필요성을 강조한 뒤, 핀테크 산업 활성화를 위한 다양한 노력을 시도해왔다. 그러나 2년 반이 지난 지금까지 한국의 핀테크 관련 규제 완화의 속도는 매우 더딘 상황이다. 그 결과, 이렇다 할 글로벌 경쟁력을 갖춘 국내 업체도 전무하다.

심지어 핀테크 산업의 '종합판'이라고 일컬어지는 인터넷전문은행제도는 국회에 발목이 잡혀있는 반면, 미국과 영국, 중국, 일본은 이미 2000년대에 허가됐다. 국내 핀테크 업체의 해외 진출 장려 정책도 그 성과가 미약한 것이 오늘날 한국 핀테크 산업의 현실이다. 한국 핀테크 산업의 성과의 현황을 요약하면 다음과 같다.

숫자로 본 한국의 핀테크 현황

출처: 핀테크로드, 금융위원회

왜 한국 핀테크 산업은 발전 속도와 성과가 미진한 것일까. 여러 원인 가운데 핀테크 업계와 전문가, 언론, 심지어 정부마저도 '규제 완화'를 먼저 해결해야 한다고 지적하고 있다.

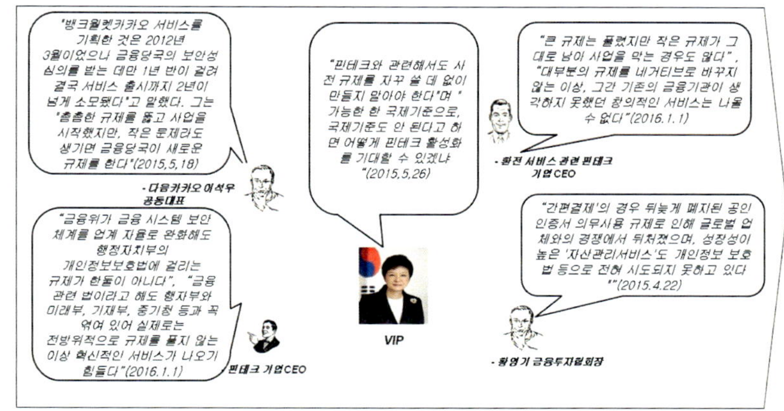

출처: 조선비즈

3,800만 명의 활성 고객을 가진 카카오의 최고경영진은 "카카오톡을 통해 단돈 10만 원을 송금할 수 있도록 하기까지 1년 반이 넘게 걸렸는데, 어떻게 글로벌 핀테크 업체와 경쟁하겠느냐"고 불만을 토로했다.

국내 핀테크 스타트업들도 사업모델(BM; Business Model)이나 기술이 아무리 좋아도 셀 수 없을 정도의 규제와 기득권을 쥔 금융권의 횡포로 인해 성장의 기회를 놓치고 있다고 하소연했다.

큰 규제가 해결되면 또 다른 규제가 길을 막고, 새로운 규제가 생기거나, 규제의 해석에 이견이 있는 경우가 빈번하다. 피해는 고스란히 핀테크 업체 몫이다. 더구나 기술 상용화에 1분 1초의 촌각을 다투는 핀테크 스타트업에게 이 같은 상황은 '사업 불가'라는 결론에 쉽게 이르게 한다. 투자자들도 규제 완화의 시점을 가장 중요하고 불확실한 변수로 보며 투자 결정을 미루고 있다.

금융권은 핀테크 업체의 가장 중요한 1차 고객인 동시에, 핀테크 솔루션을 테스트할 수 있는 고객이자, 금융 거래 데이터의 소유자이기도 하다. 불행히도 금융권에서 바라보는 핀테크에 대한 시각은 녹록치 않다. 핀테크 산업의 발전은 기회이기도 하지만, 관점에 따라서는 위협이 될 수 있기 때문이다. 이것이 금융기관이 주요 데이터 공유에 인색한 이유이고, 금융감독기관과 가까운 금융권이 규제 완화에 대해 적극적이지 않은 이유다.

한국 핀테크 스타트업의 어려움

국내 핀테크 start-up의 어려움	
셀 수 없는 규제	• "'외국환 거래법'을 개정하는 대신, 시행령에서 외화송금 핀테크 기업의 정산 기능을 삭제한 것으로 확인됨. 이는 핀테크 기업의 경우 고객 모집만 하고 송금 수납과 지급은 은행 시스템을 이용하도록 시행령 시행규칙을 통해 명시" • "개인정보보호법 완화로 인해 간편 결제 서비스에 본인인증 절차가 사라지 것은 아님" • "중소기업청이 P2P(Peer-to-Peer Lending) 대출 서비스업체에 대해 핀테크 기업이 아닌 대부업체라는 유권해석을 내려 한 P2P대출업체의 30억원 투자 유치가 무산"
금융권의 횡포	• "기술 설명회를 하고 요청 자료를 여러 차례 제출해줬지만, 결국 '우리가 구축하겠다'는 통보를 해온다"며 "그러고는 IT 자회사나 기존 시스템구축업체들과 계약을 맺고 유사한 금융서비스를 내놓는 일이 다반사" • "전 세계적으로 쓰이고 있는 PCI DSS(Payment Card Industry Data Security Standard)를 통과했음에도 카드사들이 또 다른 보안 테스트를 받으라는 경우가 허다"

출처: 한국핀테크포럼, 피치원, 아이티투데이

핀테크 산업 생태계 활성화의 전제 조건인 규제 완화와 관련해 그 동안의 노력이 없었던 것은 아니다. 크라우드 펀딩 도입, 공인 인증서 폐지, 전자 금융업 진입장벽 완화 등의 성과가 있었고, 핀테크 지원 센터를 설립하거나 데모데이를 개최하는 등의 지원도 있었다.

추진 정책	비고
• 기술중립성 원칙 구현: 공인인증서 사용의무 폐지 등	
• 결제분야 관련 낡은 규제 정비: 매체분리 원칙 폐지 등	
• 사전적, 획일적 규제 최소화: 사전보안성 심의 폐지 등	
• 전자금융업 진입장벽 완화: 자본금 5~10억 원 → 3억 원	
• 핀테크 지원 센터 개설(2015.5.30.)	금융유관기관, 정부 기관 등이 전문멘토단 구성 및 상시 상담 (2016.10. 누적 452건 상담)
• 핀테크 데모데이: 2016.11.7. 기준 12회 실시	
• 크라우드 펀딩 도입(2016.1.25.)	
• 로보어드바이저 테스트 베드 도입(2016.8.29.)	
• 금융권 공동 핀테크 오픈 플랫폼 개통(2016.8.30.)	

출처: KDI(2016년)

그럼에도 불구하고 아직도 은산분리법 완화, 핀테크 선도국과 같은 네거티브(Negative) 방식 규제 완화, 산업 활성화를 위한 지배구조 개선, 그리고 각종 '손톱 밑 가시형' 규제 완화 등은 앞으로 해결해야 할 시급한 과제다.

결론적으로 한국의 핀테크 산업에서 핀테크 스타트업과 초기 산업이 해결하기에는 너무도 큰 도전들이 존재하고 있다. 후발 주자이면서도 산업 활성화의 발목을 잡는 규제들이 아직도 완화되고 있지 않으며, 뒤쳐진 금융업 수준과 금융 산업의 핀테크에 대한 호의적이지 않은 시각도 걸림돌이다. 이밖에도 스타트업에 대한 미흡한 투자 환경, 제약적인 핀테크 기술 상용화 시장, 적은 핀테크 인재풀(Pool)과 기초적인 양성 프로그램, 해외 핀테크 거대 기업의 존재 등도 위협요인이다.

답보상태인 한국 핀테크 규제완화

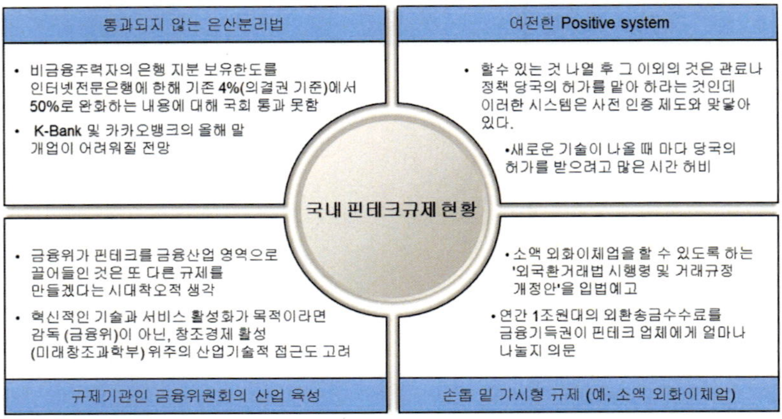

출처: 한국경제연구원, 피치윌 미디어, 뉴스토마토

② 금융기득권의 이중적 잣대

　한국의 핀테크 산업은 선진국보다 많게는 10년, 적어도 4~5년이 뒤쳐져 있다는 평가가 나온다. 해외의 핀테크 산업이 금융 산업을 혁신하고 때론 파괴하면서 급속히 성장하는 데는 규제 완화를 넘어 핀테크 생태계 환경 조성이 신속히 이뤄졌기 때문이다. 반면 한국의 핀테크 생태계는 앞서 언급된 바와 같이 규제와 시장, 자본, 인적 인프라 등 모든 면에서 후진성을 면치 못하고 있다. 환경 조성이 없는 산업 활성화는 힘든 일이다.

1) 은행의 유보적 태도

　국내 핀테크 생태계 환경을 조성하기 쉽지 않은 이유는 무엇인가? 규제는 물론, '금융 생태계의 큰 손'이라 할 수 있는 은행의 유보적 태도도 한몫을 하고 있다.

　은행권에서는 인터넷전문은행과 핀테크 발전이 기회이기도 하지만 위협일 수도 있다는 시각이 공존하고 있다. 즉, 인터넷전문은행의 출범에 대해 기대를 표출하는 동시에, 인터넷전문은행이나 핀테크는 "인터넷뱅킹과 다름이 없다"며 일축하는 목소리도 있는 것이다. 이 때문에 은행권은 금융의 새로운 혁신인 핀테크에 대한 충분한 준비가 되기 전에 진입장벽을 자진해서 허물 이유가 없다고 보고 있다.

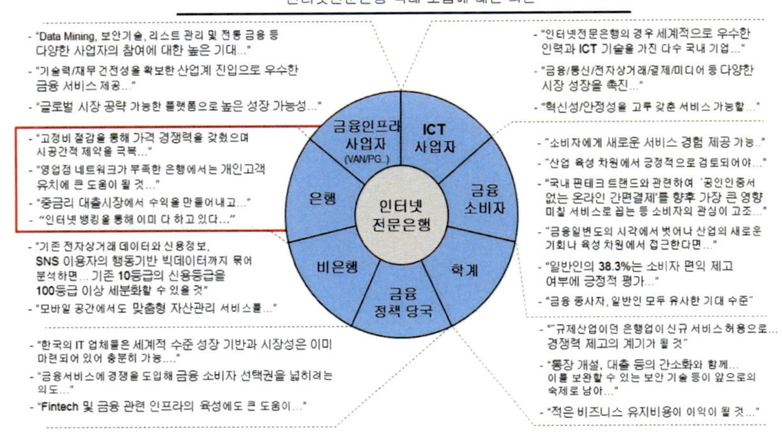

이 같은 금융기득권의 핀테크나 인터넷전문은행에 대한 유보적이고 이중적인 시각은 ICT 주도의 핀테크를 통한 금융 혁신에 대한 두려움에 근거한다. 즉, 모바일이나 ICT의 기술 혁신과 거대한 자본력, 통신 고객으로 무장한 신종 경쟁자가 금융 산업에 침투해 시장을 재편하는 시나리오에 대한 경계다. 이러한 두려움은 결국 규제자와 금융기득권의 밀월관계를 형성시키게 하는 강한 유인이 되고 있다.

실제로 인터넷전문은행 설립과 ICT기업의 금융 지분 참여에 대한 규제 완화에 은행과 ICT기업 간 입장은 확연하게 차이를 보이고 있고, 이런 관점의 차이가 국회와 금융위원회 간의 갈등과 고민에도 연결돼있는 것이 국내의 현실이다.

　이러한 금융기득권의 핀테크에 대한 진입장벽 쌓기는 전 세계에서 인터넷전문은행이 가장 많은 미국에서조차 나타나고 있는 현상이다. 한국의 금융규제와 은행들이 카카오 월렛의 단순 송금 서비스 개설에 1년 반 이상을 소모케 한 일이나, 핀테크 업체의 기술 검증과 판매에 필요한 금융 데이터 공유에 적극적이지 않은 일들이 미국의 은행에서도 핀테크 업체와의 거래에 주의하라는 경고문을 홈페이지에 게시한다거나(Wells Fargo Bank), 핀테크 업체의 은행서버 접촉을 차단하는 등(Bank of America, JP Morgan)의 사례를 통해 나타나고 있다.

금융기득권의 저항

국내 은행의 기득권	
은행의 보수성	• 일일 송금 법적 한도가 200만원까지 늘어났는데도 간편송금 앱인 토스가 30만원, 뱅크월렛카카오는 10만원이고, 송금 한도를 늘리려면 개별 은행과 일일이 협의해야 하는데 은행들이 보수적이라 이 과정이 불가능에 가까움 • 월렛카카오 서비스가 올해 말까지만 제공되고 내년부터 중단, 카카오와 은행들은 송금한도 확대, 실시간 환불, 서비스 유효화 등의 문제로 번번이 충돌하면서 제때 서비스 개선을 이뤄내지 못함
데이터 공유의 폐쇄성	• 미국 자산관리서비스 민트는 미국 금융사가 공유하는 데이터베이스를 이용해 단 두 명이 개발한 서비스인데 한국은 개별 금융사로부터 일일이 데이터를 얻어 와야 하기 때문에 최소 20명 이상 인력이 필요 • 농협·기업은행을 빼고는 주요 데이터를 외부로 공유하는 데 적극적인 은행이 거의 없는 상태

미국 은행의 기득권	
대형 은행들이 핀테크 업체의 서버 접속을 차단	• 표면적으로는 금융 거래 정보의 안전성과 서버 관리 등의 문제로 보이지만, 이면에는 은행권의 고객 이탈 우려도 내포 • 은행들은 웹사이트에 "핀테크업체와 거래를 할 때 상당한 주의를 기울일 필요가 있다"는 경고문을 게재하거나 (Wells Fargo), 일부 은행은 핀테크기업의 은행 서버 접속 차단 (BOA, JP Morgan Chase) • 개인금융에 특화하는 핀테크기업의 투자가 빠르게 증가하고, 소비자들이 은행과 핀테크기업이 제공하는 금융상품의 가격과 서비스에 대한 비교가 쉬워지면서 은행권 이탈에 대한 우려는 가시화 예상

출처: 매일경제, 뉴스토마토

2) 인터넷전문은행과 인터넷뱅킹의 차이

인터넷전문은행이 기존 인터넷뱅킹과 다를 바 없다는 주장은 단순히 모바일이나 PC 기반 금융거래를 '핀테크'라고 간주하는 것과 다름없다.

또 비대면을 통한 비용 절감, 다양한 소스(source)에 의한 빅데이터 분석과 머신러닝 등 새로운 기술이 가져올 획기적인 고객, 상품, 채널을 통한 차별점, 뿐만 아니라 이러한 기술 기반을 통한 기존 금융 프로세스의 생략, 새로운 고객군의 개발, 모든 금융거래의 모바일 구현 등 핀테크나 인터넷전문은행이 가져올 파괴적 혁신성에 대해서 간과하고 있다.

금융기득권층의 인터넷전문은행에 대한 폄하

출처: 국민일보

그럼에도 이러한 주장이 존재하는 것은 금융기득권층이 신기술과 고객, 사업모델(BM; Business Model) 등 본질적인 차별성을 가진 인터넷전문은행을 평가절하함으로써, 인터넷전문은행 설립의 의미를 낮추는 동시에 ICT기업 등 비금융주력자의 금융지분소유 제한을 지지해 기존 산업을 최대한 지키려는 의도다.

하단의 표는 기존의 인터넷뱅킹과 인터넷전문은행이 채널, 고객, 상품과 서비스, 비용 구조, 법적 실체와 기술적인 측면에서 본질적으로 큰 차이를 보이는 사업모델임을 명확히 보여주고 있다.

인터넷뱅킹과 인터넷전문은행의 차이

	인터넷 뱅킹	인터넷 전문은행
채널역할	• 채널 다각화 측면에서 온라인 뱅킹을 사용 • 온라인 비중 확대	• 온라인이 핵심 채널(비대면 서비스) • **ATM** 확충 등 일부 대면 서비스
고객	• 금융은 금융고객위주	• 통신이나 포탈, **24**시간 **access**가 있는 고객, 그렇기 때문에 고객이 행태가 완전이 다른 • 기존 은행의 고객대비 최소 **3-4**배 큰 고객군
상품/서비스	• 대면 채널과 구분된 별도의 상품 제공 (카니발라이제이션) • 금리, 수수료 측면에서 우대 제공	• 가입하는 모든 상품 및 서비스 상담 가능 • 금리, 수수료 측면에서 기존 금융권 대비 우위
비용구조	• 지점등 기존 고비용 채널의 부담을 지속적으로 안고 가는 비용구조	• 스마트 폰안에 은행으로 출발하여 채널 비용이 거의 없음
법적 실체	• 기존 은행 내 영업 채널로 활용 • 은행 사업부 형태로 서비스 제공	• 별도의 법인으로 설립 및 운영
IT 기술	• 기존 **Core banking system** 등 운영 효율화 측면의 IT 투자	• 다양한 **source**의 고객 데이터를 기반으로 빅데이터 분석 하고 머신러닝을 통한 미래 예측 및 신용도 분석

출처: KDI

3 금융 규제당국과의 밀월

금융기득권층의 기존 산업 보호를 위한 진입장벽 쌓기와 규제당국과의 밀월관계로 "금융위원회에서 규제완화를 하더라도, 국내의 핀테크 수준이 선진국을 따라가려면 앞으로 십수 년이 더 걸릴지도 모른다."는 암울한 예상마저 나온다.

규제 산업인 금융 산업은 그동안 규제의 보호막 안에서 성장해 왔기 때문에 새로운 변화에 익숙지 않은 산업이다. 핀테크, 가상화폐, 스마트폰 뱅킹 등 기존의 체계를 본질적으로 흔드는 변화는 금융기관뿐 아니라 규제당국도 동시에 긴장하게 만들 수 있다. 밀월의 동인이 생겨나게 되는 것이다.

금융 규제만이 이슈가 아니다. 금융위원회의 핀테크 산업 활성화와 관련된 주요 규제 완화가 이뤄진다 하더라도 부처별 시행령과 법 해석 간의 차이는 핀테크 사업의 또 다른 어려움을 야기한다. 본인인증방식에 대한 금융위원회와 방송통신위원회의 해석 차이, 행정자치부의 개인정보법 규제 해석, 중소기업청의 대부업법 규정 등이 이러한 예다. 핀테크 업체들은 이러한 규제로 1년 이상을 소모하게 될 수 있고, 이는 특히 자본과 시간의 여력이 취약한 스타트업들에게 치명적 손해를 입힐 수 있다.

핀테크 규제 완화에 대한 핀테크 관계자의 회의적 시각

<table>
<tr><td>금융위원회 규제 완화 내용</td><td>거미줄 같은 부처 간 규제</td></tr>
<tr><td>• 2015년부터 보안성 심의 폐지, 크라우드 펀딩을 위한 자본시장법 개정, 비대면 본인 인증 방식 확대 허용, 은행 및 보험권의 공인인증서 의무 사용 폐지, 외국환거래법 개정</td><td>• 행정자치부 (개인정보보호법), 미래부, 방송통신위원회 (본인인증), 중소기업청 (대부업법)등 각 부처가 가지고 있는 규제를 통과해야 하는 어려움이 있음</td></tr>
</table>

핀테크업계의 반응

"현실과 동떨어진 규제가 너무나 많고, 기존 금융 기득권과의 정치적 역학관계나 정부 부처 간 이해관계 탓에 규제를 풀려면 십수년이 더 걸릴지도 모른다"

출처: 시사인

부처 간 법 해석과 적용차이로 발생되는 어려움

<table>
<tr><td>한국 NFC</td><td>• 신용카드 NFC 본인 인증 기술을 개발
• 금융위원회도 2014년 11월 신용카드 접촉 방식으로 본인 확인이 가능하다는 유권해석</td><td>• 방통위의 아이핀 이외 본인인증 방식 불허
• 금융위 승인 후 2년 가까운 시간을 규제를 푸는 데 허비</td></tr>
<tr><td>A사</td><td>• 사기계좌조회서비스 솔루션을 은행과 1년에 걸쳐 공동개발
• 상용화 준비</td><td>• 행자부 (경찰청) 개인정보보호법 규제를 넘지 못해 포기</td></tr>
<tr><td>B사</td><td>• 중기청은 P2P대출을 대부업으로 규정해 VC로부터 투자 받는데 장애</td><td>• 개선 안됨</td></tr>
</table>

핀테크 업체인 A사는 사기계좌조회서비스 솔루션을 은행과 1년에 걸쳐 공동으로 개발하였다. 공동 개발을 마치고 상용화를 준비했으나 금융 관련 규제 검토는 개발 전이나 과정에서 이뤄져 별 이슈가 없을 줄 알았던 A사는 복병을 만났다. 행정자치부의 개인정보보호법 규제가 문제가 된 것이다. 금융 규제와 개인정보보호에 대해 다른 해석을 가진 행정자치부는 이 솔루션의 상용화를 거부했고, 결국 A사는 출시를 포기했다. 이후 유사한 서비스가 경찰청을 통해 개발됐다.

개인정보 관련 국내 주요 법제 현황

법령	소관부처	비고
금융실명거래 및 비밀보장에 관한 법률	금융위원회(은행과)	실명거래확인
금융지주회사법	금융위원회(금융제도과)	고객정보 제공관리
보험업법	금융위원회(보험과)	개인정보 동의
신용정보의 이용 및 보호에 관한 법률	금융위원회(신용정보팀)	신용정보주체 동의
개인정보 보호법	행정자치부	
국세기본법	기획재정부	
위치정보의 보호 및 이용 등에 관한 법률	방송통신위원회	
의료법	보건복지부	
전자상거래 등에서의 소비자보호에 관한 법률	공정거래위원회	
정보통신망 이용촉진 및 정보보호 등에 관한 법률	방송통신위원회	
지능형전력망의 구축 및 이용촉진에 관한 법률	산업통상자원부	
통신비밀보호법	법무부·미래창조과학부	

출처: 허성욱, "한국에서 빅데이터를 둘러싼 법적 쟁점과 제도적 과제"(2014년)

또 다른 업체는 신용카드 접촉 방식으로 본인인증을 할 수 있는 솔루션을 개발했다. 금융위원회의 유권해석을 받아둔 상태였고, 개발은 순조롭게 진행됐다. 하지만 방송통신위원회의 '아이핀 이외 본인 인증 방식에 대한 불허' 방침이 문제가 됐다. 금융위원회와 방송통신위원회, 그리고 핀테크 업체의 본인인증 방식에 대한 조율에 2년이 넘는 시간이 소모됐다.

이렇듯 핀테크 업체를 가로막는 규제는 끝도 없이 나타나고 얽혀있는 상황이다. 국내의 개인정보와 관련된 법제가 대표적인 예다. 아래 표에서 보듯이 개인정보법과 관련된 부처만 해도 족히 10군데가 넘는다. 핀테크 업체가 제한된 인력과 자본으로 아이디어를 가지고 상품을 개발하더라도 이러한 규제의 거미줄을 극복한다는 것은 불가능해 보인다.

개인정보이용에 대한 규제 완화나 논의가 중요한 이유는 개인정보이용에 대한 융통성이 담보돼야 빅데이터, 인공지능(AI) 등 핀테크 기술의 핵심이 살아나고, 혁신적인 금융상품 개발이 가능해지는 것은 물론, 빅데이터 등의 산업 발전과 이에 따른 고용 증대도 수반될 수 있기 때문이다.

제안될 수 있는 해결 방안은 정보 이용을 정보 주체의 동의를 통해서만 사용할 수 있는 옵트인(Opt-in)방식에서, 정보 주체자가 거부할 경우에만 개인정보를 활용하지 않는 옵트아웃(Opt-out)방식으로 개인정보 관련된 법과 규제의 방향을 바꾸는 것이다.

이렇게 체계를 바꾸는 데는 개인정보 침해의 소지와 리스크가 있다. 하지만 최근 한국개발연구원(KDI)이 2016년 11월 16일부터 25일까지 국민 1,000명과 핀테크 기업 103개사를 대상으로 실시한 국민 서베이 결과를 보면 충분히 실행 가능한 변화라 볼 수 있다. 그 결과에 따르면 국민의 절반 이상(56.4%)이 맞춤형 금융서비스를 제공받기 위해 개인정보(금융거래, 통신, SNS 정보) 활용에 동의한다는 의견을 나타냈다.

19대 국회
• 인터넷전문은행에 참여하는 IT(정보기술) 기업에 대해 지분을 50%까지 소유할 수 있도록 하는 법안 상정되었으나, 야당의 반대로 의결 안됨 • 산업자본의 은행 소유를 막는 은산분리 원칙이 깨져 대기업의 사금고화가 되는 것을 우려

20대 국회
• 야당에서도 규제 완화로 인한 문제점 보완이 얼마나 됐는지 검토해 보는 것으로 입장 선회 • 은산법을 특별법으로 완화하는 방안과 비금융주력자 4% 지분보유 금지조항 완화에 대한 이견

출처: 메트로

'핀테크의 종합판'이 될 수 있는 인터넷전문은행의 출범을 막고 있는 은산분리법 개정도 19대 국회에서 통과하지 못해 20대 국회로 공이 넘어온 상태다. 금융 산업 발전을 위해 전향적으로 검토할 것이라는 기대감이 있지만, 아직 검토 단계에 불과하기 때문에 여전히 불확실하다.

이 결과 2016년 예고됐던 K뱅크와 카카오뱅크의 출범은 차일피일 미뤄지고 있다. 그 동안의 투자와 시간적 손실은 얼마나 되겠는가? 그러나 이보다 더 심각한 것은 규제로 인해 시간이 지체되면서 하루가 다르게 발전하는 핀테크 트렌드를 영원히 따라가지 못할 수도 있다는 우려다. 인터넷전문은행은 은행대로, P2P업체는 업체대로, 그리고 대부분의 혁신적 상품을 개발하는 업체들마다의 골든타임이 지나가고 있다.

4 금융권과 ICT기업의 경쟁

1) 은행의 핀테크 준비

규제 완화 지연이나 비금융사업자 지분율 제한 등의 진입장벽을 구축해 기득권을 지키려는 은행의 핀테크에 대한 준비사항은 어떠한가? 사실 현 규제 안에서 핀테크나 인터넷전문은행 등에 대한 투자를 기존 금융권이 공격적으로 하는 것은 핀테크 산업 활성화나 금융 산업 혁신 측면에서 상대적으로 수월할 뿐 아니라 매우 중요하다. 최근 7개 은행이 모두 75개의 핀테크 업체를 육성하고 있는 등 다행히도 은행권의 활동이 많이 활발해지고 있다.

국내 금융기관의 핀테크 랩 운영

금융기관	핀테크 랩(개소일)	핀테크 랩 운영 수		총수
		기수 별 개소 수		
하나은행	1Q랩(2015.6.)	1기: 2개 기업 (2015.6.~11.) 2기: 4개 기업 (2015.11.~2016.4.) 3기: 7개 기업 (2016.7.~진행 중)		13
신한금융지주	신한 퓨처스 랩(2015.5.)	1기: 7개 기업 (2015.5.~11.) 2기: 16개 기업 (2016.3.~9.) 3기: 모집 중		23
우리은행	위비 핀테크 랩(2016.8.)	1기: 7개 기업 (2016.8.~)		7
KB금융지주	KB핀테크 HUB 센터(2015.3.)	1기: 2개 기업 (2015.8.~2016.4.) 2기: 2개 기업 (2016.4.~)		4
기업은행	드림 랩(2015.11.)	1기: 4개 기업 (2015.11.~2016.5.) 2기: 6개 기업 (2016.8.~)		13
농협은행	핀테크 혁신센터(2015.11.)	오픈 API 협력기업		4
한화생명	드림플러스 63(2016.10.12.)	1기: 11개 기업 (2016.10.~)		11

출처: KDI(2016년 11월 기준)

은행들의 핀테크에 대한 투자는 지속돼야 한다. 핀테크 산업 활성화를 위해서뿐만 아니라 핀테크 혁신을 통해 은행의 비효율을 개선함으로써 '윈-윈(Win-win)'하는 결과를 만들 수 있다. 다만, 은행은 기존 인력과 채널 등에 대한 과감한 구조조정을 통해 높은 이익경비율이나 저수익 문제 등 현안을 해결할 수 있어야 한다. 그러나 금융권의 구조조정은 노조의 반발은 물론, 이미 하락하고 있는 수익률과 재원의 한계 등의 이유로 쉽지 않은 상황이다.

은행의 핀테크 투자에 대한 부담

기존은행 점포운영비용 부담으로 혁신적 금융서비스 출시 어려움	• 직원 10명이 근무하는 은행 지점 1곳을 운영하는 데 들어가는 임대료, 인건비 등이 수도권은 평균 20억원, 지방 중소도시는 16억원(조선일보, '13) • 국내 4대 은행(국민, 신한, 우리, 하나)의 이익경비율(CIR, 영업이익 대비 판매관리비)은 54.6%로, 국내은행과 인건비·사업구조가 비슷한 오세아니아 지역 주요은행 평균 CIR(40.4%) 대비 높아 운영에 비효율이 큰 것으로 파악
외국자본이 대부분의 국내 주요은행 지배, 고배당으로 투자여력 소진	• 6대 시중은행 중 우리은행을 제외한 5개 은행의 외국인 지분율이 과반을 넘으며, 평균 외국인 지분율이 70%에 달함 • 2015년 국내은행의 당기 순이익은 3조5000억원으로 2014년 6조원 대비 2조5000억원(42.6%) 감소, 2011년 11조8천억원 비해 큰 폭 하락했음에도 불구, 주요은행 배당성향은 '14년 20.5%에서 '15년 23.1%로 증가 • 6대 시중은행은 '16년 한 해에 8,780억원을 외국인 주주에 배당으로 지급

출처: 이수진, "글로벌 100대 은행 경영성과의 비교 및 시사점"(2015년)

2015년 국내은행의 경비율은 54.6%로, 국내은행과 인건비와 사업구조가 비슷한 오세아니아의 은행 경비율인 40.4%를 크게 상회한다. 이런 높은 경비율은 국내은행의 총자산순이익률(ROA), 자기자본이익률(ROE) 등에 영향을 미쳐 낮은 수익성의 원인이 된다. 게다가 국내 은행의 높은 외국인 지분율(평균 70%)과 이에 따른 배당 압박으로 2014년 대비 2015년 순이익은 43.6%나 악화됐다. 하지만 배당성향은 2014년 20.5%에서 2015년 23.1%로 오히려 증가됐다는 부분에서 국내은행들의 핀테크에 대한 투자여력에 대해 회의가 생기는 것은 사실이다.

2) ICT 산업의 핀테크 준비

국내 은행권의 투자여력에 대한 우려와 달리, 중국의 알리바바와 같은 ICT기업은 기존 사업에서의 성공을 바탕으로 탄탄한 자금력과 혁신적 아이디어를 활용한 핀테크의 혁신을 이끌 수 있는 유리한 위치에 있다.

스페인 내 자산규모 1위 은행인 산탄데르은행이 2015년 발표한 '핀테크 2.0' 보고서에 따르면 ICT기업들이 사물인터넷과 스마트데이터 등을 통해 금융 산업 밸류체인 주요 요소에 침투하면서 금융 프로세스의 지속적인 개선이 예상된다. 글로벌 컨설팅사인 맥킨지의 2015년 보고서에 따르면 아시아와 선진국 고객의 반 이상이 온라인 전용 금융서비스가 더 나은 조건을 제시할 경우 은행을 옮길 의향이 있음을 밝혔다. 또한 산탄데르와 맥킨지는 이런 새로운 흐름에도 기존 은행권은 투자여력 부족과 기득권 유지를 위해 혁신을 거부하고 기존 방식을 고수하려는 움직임을 보이고 있다고 밝히고 있다. 결국 금융사가 아닌 기술력 기반의 ICT기업이 글로벌 핀테크 트렌드를 주도하게 된 것이다.

- 미국의 ICT기업인 페이팔은 이메일을 통한 즉시 송금과 이상금융거래탐지시스템(FDS)을 통한 부정거래 방지 기술로 고객의 신뢰를 확보, 연간 결제금액 300조 원, 연매출 9조 원의 기업으로 성장(2015년)
- 모바일 지급결제 분야에서 2011~2015년 5년간 ICT기업의 성장속도는 은행의 성장속도보다 1.5배 이상 높았음
- 미국, 중국 등의 ICT기업은 인터넷전문은행을 핀테크 발전의 피봇(Pivot)으로 삼아 금융업은 물론 전자상거래, O2O 등 서비스 영역 확장의 중심으로 활용하고 있음
- 일본의 3개 인터넷전문은행, 중국 마이뱅크(MyBank), 위뱅크(WeBank), 북유럽 최대 통신사 텔레노(Telenor)의 텔레노뱅크(Telenor Bank) 등 ICT기업이 다수의 인터넷전문은행 운영하고 있음

이렇듯 글로벌 ICT기업들이 막강한 자금력과 혁신적인 아이디어로 핀테크를 주도하고 있는 상황에서 기존 금융권의 전략은 무엇일까?

원하든 원치 않든 현 상황에서 국내 금융권이 취할 수 있는 현명한 선택은 ICT기업을 핀테크 산업의 활성화를 위한 협력자이자 경쟁자로 인정하고 협업할 방안을 강구하는 것이다. 그것만이 금융권의 핀테크에 대한 투자 한계를 극복하고, ICT기술을 받아들이면서, 새로운 고객과 신규 상품, 서비스를 개발해 수익성을 향상시킬 수 있는 방안이다.

아래의 그림은 기존 금융권과 ICT기업의 역량이 각각 핀테크 기업 성장에 미치는 영향력을 보여준다. 해외 사례를 보더라도 은행의 핀테크 투자의 효율성은 ICT기업의 핀테크 투자 효율성보다 낮다. 은행은 자존심보다 생존이 중요한 상황이라 인식하고, 금융과 ICT 산업 융합의 기술을 빠르게 터득해야 할 때다. 결국 산업 융합은 4차 산업의 핵심이기 때문이다.

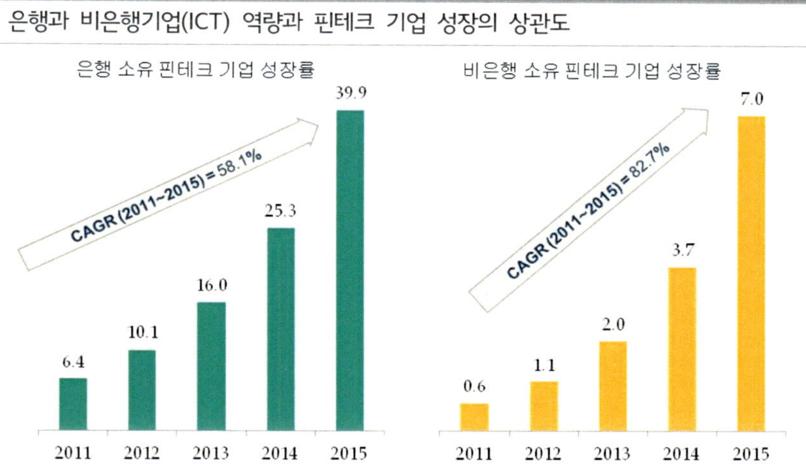

출처: 캡제미니 컨설팅, "은행의 효율적인 채널·점포 운영방안 연구", 한국금융연구원(2014년)

제2장

글로벌 핀테크 산업

1 세계 최고의 핀테크 허브, 영국

어니스트영은 2016년 2월 세계 핀테크 산업을 분석하고, 65명 이상의 핀테크 분야 전문가들과의 인터뷰를 기반으로 '글로벌 핀테크 허브'를 선정했다. 그 결과, 영국 런던이 최고점을 받아 전 세계에서 가장 친화적인 핀테크 허브로 선정되었다. 영국은 비즈니스 친화적인 생태계와 핀테크를 위한 좋은 정책 환경을 갖춘 점이 가장 높은 평가를 받았고, 영국 금융감독청(FCA; Financial Conduct Authority)이 핀테크에 있어 세계에서 가장 진보적인 규제 기관으로 평가됐다.

글로벌 핀테크 허브 순위

Region	정책 • 적책지원 • 정부프로그램 • 세제혜택	자본 • 초기 • 성장 • 상장	역량 • 현 가용역량 • 미래 가용역량	수요 • B2C • B2B • 금융권	Total
UK	1	3	2	3	9
California	6	1	1	2	10
New York	7	2	3	7	13
Singapore	2	7	4	6	19
Germany	5	4	6	5	20
Australia	3	5	5	7	20
Hong Kong	4	6	7	4	21

출처: 어니스트영(2016년)

먼저 영국 정부의 핀테크 정책을 살펴보자. 영국은 미래 금융 산업의 진작을 위해 2013년 4월, 획기적인 규제 완화와 산업 활성화 정책을 발표했다. 그것은 △ 규제기관 해체와 이원화, △ 기반 생태계 조성, △ 민간 주도, △ 런던을 핀테크 육성 거점 기지로 삼는 등 강력한 방안이었다.

영국의 핀테크 활성화를 위한 규제 개혁

규제 기관 해체와 핀테크 산업 활성화를 위한 이원화

- 핀테크 산업 활성화를 리드하기에는 한계가 있는 기존 감독 체계(FSA)를 핀테크 산업을 활성화 시키는 관점에서의 FCA와 기존 금융 감독 영역을 지속적으로 통제 하는 PRA로 이원화 하여, FCA가 핀테크 발전의 주도적 역할을 함

기반 생태계 먼저 만들어라

- 테크씨티를 통해 2010년 85개에 불과했던 스타트업이 수천개로 늘어남. 투자 규모도 치솟아서, 2014년 런던 소재 IT기업이 유치한 투자금액은 14억파운드(2조3735억원)으로 5년 사이에 20배가 늘어났고, 2013년과 비교해도 2배로 된 규모

주인공 자리는 민간에 맡겨라

- 에릭 반 데르 클레이 앤틱 최고경영자(CEO)는 테크시티 육성 당시 민간 전문가로서 테크시티 CEO직을 맡아 런던 안에 IT 중심지를 성공적으로 꾸린 뒤 앤틱이라는 핀테크 육성 회사를 차려 영국 핀테크 시장에 산파 역할

육성기관은 금융 중심지에 둬라

- 한국의 핀테크지원센터가 판교에 있는 것과는 상반되게, 영국은 런던의 신흥 금융중심지인 카나리와프에 자리 잡은 레벨39를 통하여 핀테크 지원 기관과 핀테크 시장 관계자가 모일 수 있도록 함

출처: 헤럴드경제, 블로터

영국 FCA의 전신인 FSA(Financial Service Authority)를 해체한 뒤, 산업 활성화 지원을 위한 FCA(Financial Conduct Authority)와 금융소비자보호 차원에서 지속적 감독 지원을 위한 PRA(Prudential Regulation Agency)로 규제 기관을 이원화했다. 2013년 4월 1일 발표된 이 결정은 시장에서는 "만우절 농담 아니냐"는 반응이 나올 만큼 획기적이었다. 영국 정부가 선(先) 산업 활성화, 후(後) 규제의 의지를 확실히 보인 것이다.

영국은 또한 핀테크 클러스터를 이른바 '테크시티'라 명하고 생태계를

조성했다. 2010년 85개에 불과했던 핀테크 스타트업들은 현재 수천 개로 증가했고, 테크시티가 유치하는 투자액의 규모도 2조 원이 넘었다.

한국 정부는 바로 이 점을 주목해야 한다. 핀테크 생태계 조성을 목적으로 테크시티를 만든 것은 영국 정부였지만, 테크시티 운영은 민간 전문가인 에릭 반데르 클레이를 CEO로 임명해 맡김으로써 자율성을 높였다. 또한 핀테크 육성 기능을 하는 '레벨 39'를 금융의 중심지에 위치하게 해 정보와 시장, 투자 접근성을 높였다는 점도 눈여겨 볼 만하다.

이 같은 노력의 결과 영국은 핀테크 산업 성장률 600%, 투자성장률 70%, 매출 65억 파운드를 기록하고, 6만 1천 개의 일자리를 창출하는 등 놀라운 성과를 내고 있다.

영국의 대표적인 핀테크 기업에는 송금분야에서 양국의 환전수요를 매칭하는 트랜스퍼와이즈(Transferwise)와 P2P 대출업체인 조파(Zopa), 펀딩써클(Funding Circle), 레이트 세터(Rate Setter) 등이 있다.

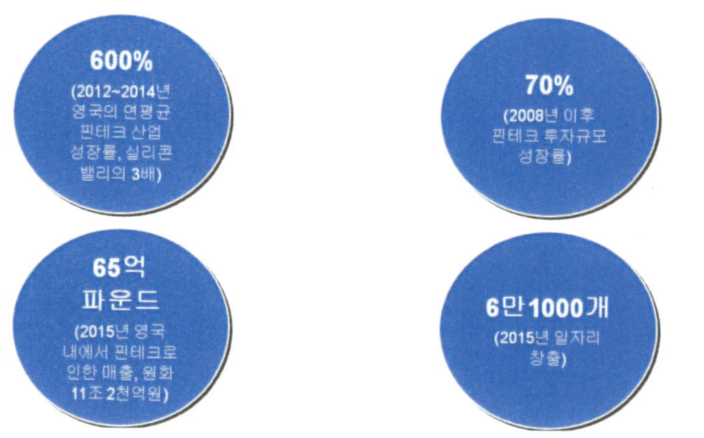

출처: FNTIMES(2016년)

P2P방식의 해외송금 서비스인 트랜스퍼와이즈는 서로 다른 나라의 고객들이 외화 송금이 필요할 때, 고객들에게 가상 계좌를 통해 실제 환전이 아닌 가상 환전이 일어나게 하는 서비스를 제공한다. 즉, 이러한 구조 속에서 고객들은 자국 내에서 외국으로부터 송금 받을 돈을, 자국에서 외국으로 송금해야 하는 고객으로부터 받게 되는 셈이다. 또한 이런 방식에서는 거래별로 은행에 내야 하던 환전과 송금 수수료를 거의 10분의 1로 절감할 수 있게 된다. 트랜스퍼와이즈는 전 세계 각국의 금융기관, 서비스 제공과 관련된 계약을 확산시켜 현재 유럽의 모든 국가와 한국을 포함한 38개국에 서비스가 가능한 상태다. 이에 따라 트랜스퍼와이즈의 기업가치는 약 11조 원에 이르고 있다.

전통적 금융기관과 트랜스퍼와이즈 해외송금 구조

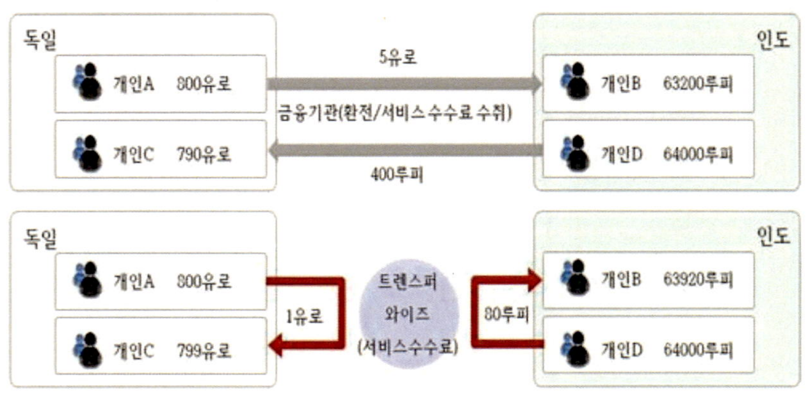

출처: 핀테크로드, techm, "Sterling Bank home page"

다른 영국의 대표 핀테크 기업인 펀딩써클 역시 기업가치 11조 원 이상의 기업으로, P2P 대출 서비스를 제공한다. 펀딩써클은 기본적인 P2P 대출 구조에 빅데이터, 신용분석 등을 기반으로 특히 많은 중소기업에게 혜택을 주는 윈-윈 전략을 사용하고 있다. 최근 은행과의 제휴 등으로 사업을 확장하면서 1억 5천만 달러(한화 약 1,800억 원)의 투자 유치에 성공했다.

이외에도 영국에는 조파(Zopa)나 레이트 세터(Rate Setter) 등 성공적인 P2P 대출업체가 다수 존재하고 있다. 2014년 3월까지 영국 전체 P2P 대출 누적 중개액은 12억 700만 파운드(한화 약 1조 8천억 원)에 달한다. 이처럼 핀테크 산업에서 P2P 시장의 성장이 두드러지는 배경에는 영국 정부의 적극적 참여가 한몫했다.

2013년 영국 정부는 펀딩써클 사이트를 통해 창업자와 중소기업 운영자에게 2,000만 파운드(한화 약 296억 원)의 자금을 지원했다. 핀테크 업체인 펀딩써클은 정부 투자금 10%, 개인 투자금 90%로 상품을 구성해 펀딩써클의 플랫폼에서 투자자를 모집할 수 있었다. 정부가 공식적으로 P2P 대출을 통해 자금을 지원한다는 소식을 들은 개인 투자자들이 몰려들었고, 이 정책으로 약 2,000여 개의 중소기업이 1억 4,000만 파운드(한화 약 2,076억 원)의 자금을 지원받게 됐다.

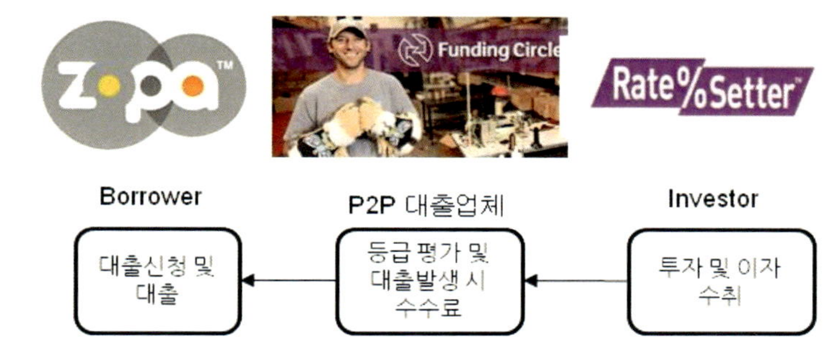

영국의 P2P 대출 업체, Zopa, Funding Circle

출처: FNTIMES

영국의 아톰뱅크(Atom Bank)와 스털링뱅크(Sterling Bank)는 기존의 PC 기반이 아닌 모바일 기반에 최신 ICT기술을 적극적으로 수용하여 인공지능을 강화한 인터넷전문은행이다.

특히 아톰뱅크는 스페인 BBVA(방코 빌바오 비즈카야 아르젠타리아)은행 등으로부터 1억 5,000만 달러(한화 약 1,815억 원) 넘게 투자를 받았고, 고객에게 1년 정기예금 2%의 금리를 제공하고 있다. 또한 아톰뱅크는 모든 서비스와 결제 인증 시 생체인증 기술을 적극 활용하고 있다. 기존의 비밀번호 입력방식 대신 안면인식 또는 목소리로 본인 인증을 하는 것이다.

스털링뱅크도 PC기반의 일반적인 인터넷뱅킹이 아닌 모바일 앱을 중심으로 서비스를 제공하는 모바일 은행을 표방하며, 인공지능(AI)을 기반으로 고객을 분석해 고객 맞춤 서비스를 구현하고 있다. 고객들은 이를 통해 여러 계좌를 유지하지 않아도 단일 계좌로 간편하게 다양한 금융 목적을 달성할 수 있다.

스털링뱅크는 영국의 기존 모바일 은행들이 예금, 일반 대출, 모기지 등 은행의 모든 상품을 취급하는 것과는 달리, 결제가 연결된 당좌계좌만 취급한다. 이 같은 비즈니스 모델로 설립 3개월 만에 7천만 달러(한화 약 846억 원)규모의 투자 유치에 성공했다.

2 중국 핀테크 산업의 초고속 성장

아시아 지역 국가 가운데 핀테크에서 가장 많은 성과를 보이고 있는 국가는 중국이다. 또한 홍콩과 싱가포르도 글로벌 핀테크 금융 허브를 국가 차원에서 지향하는 등 핀테크 산업 활성화에 노력을 기울이고 있다. 하지만 한국과 일본은 이러한 트렌드에서 뒤쳐진 것으로 평가된다.

아시아 국가의 핀테크 활성화 노력 평가

국가	인구 (백만 명)	인터넷 보급률	핀테크 비전	규제당국	활성화 노력 평가	비고
싱가 포르	6	82%	핀테크 허브	MAS	high	핀테크 허브 리더쉽 확보에 규제당국 총력
홍콩	7	81%	글로벌 핀테크 허브	HKMA, SFC	high	핀테크 전담 desk SFC 내에 설치, payment 선진 기술 도입
중국	1,400	50%	디지털금융의 리더	CSRC, CBRC,CS RC	high	2015, 1.7조원 VC투자 유치
인디아	1,270	30%	금융시스템 선진화 매개	RBI, SEBI, IRDA	high	2015, 21개 은행 라이선스
일본	127	91%	기존 금융 산업과 연계	FSA, SESC	moderate	경제활성화를 위한 규제 개혁 노력
한국	50	92%	금융개혁의 주요동인	FSS, FSA	low	핀테크기반(인터넷 보급률 등) 대비 진척도 낮음

출처: Summary of Asia's fintech center, "Fintech News", Singapore(2016년 9월)

중국은 2016년 핀테크 투자만 약 7조 원 이상을 유치했으며, 벤처캐피탈을 통한 투자규모도 2조 4,000억 원에 이른 것으로 알려졌다. 하지만 심지어 이 같은 규모는 중국 최대 전자상거래업체 알리바바 그룹의 금융 자회사인 앤트파이낸셜에 대한 4조 6,000억 원 가량의 투자가 포함돼있지 않은 수치다.

중국의 핀테크 산업이 급성장한 배경에는 모바일 보급률과 모바일을 통한 결제시장이 동반 성장한 것이 주효했다.

2015년 중국의 모바일폰 보급률은 80%, 모바일 결제 비중은 50%를 상회하고 있다. 아래 지도를 보면 지역별 모바일 결제율을 빨간색, 진회색, 연회색 등 3개 등급으로 구분해 표시했다. 빨간색으로 표시된 남서부 지역에 위치한 시짱자치구(西藏自治區)의 모바일 결제율은 62.2%에 이른다. 50% 이상인 지역도 5곳이나 되는 등 중국의 모바일 확산과 모바일을 통한 금융서비스의 확산이 매우 빠르게 이뤄지고 있음을 알 수 있다.

중국 지역별 모바일 결제 비중(2014년 1월~10월)

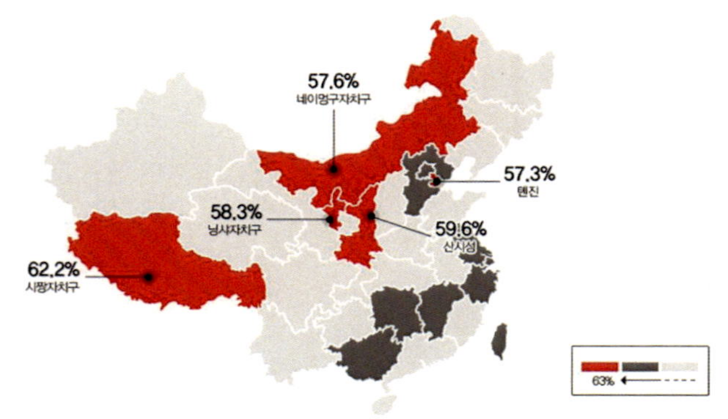

출처: 차이나데일리

중국 내 신용카드 소지자는 전체 국민의 8% 수준이지만, 스마트폰 보급률은 80%가 넘는다. 그 동안 발전이 미흡했던 금융 인프라나 신용카드 사용환경이 역설적으로 중국 내 모바일 결제 시스템 개발 수요를 촉진한 계기가 됐고, 이러한 환경적 요인은 중국이 단 시간 내 아시아 핀테크의 최강자로 포지셔닝 하는 데 결정적인 역할을 했다고 볼 수 있다.

물론, 중국을 아시아 핀테크 최강국으로 만든 것은 이뿐만이 아니다. 중국도 강력한 핀테크 산업 활성화 정책을 펼쳤다. 중국 정부는 핀테크 정책의 목표를 핀테크 스타트업 활성화에 그치는 것이 아니라 ICT기업의 인터넷전문은행 설립을 유도해 기존 금융권과의 경쟁을 강화하고, 중소 상공인을 돕는 등 경제 선순환에 우선순위를 뒀다. 이런 목적으로 중국 정부는 핀테크 산업 활성화를 위해 적극적으로 규제를 완화했고, 그 결과 중국의 핀테크 산업은 급성장했다.

중국 핀테크 산업이 급성장할 수 있었던 것은 중국 ICT기업도 한몫했다. 앞서 언급한 대로 기존 상업은행의 온라인뱅킹과 모바일 서비스가 지연되자 전자상거래 등을 통해 몸집을 불려가던 알리바바 그룹의 알리페이, 텐센트의 텐페이 등 ICT기업들은 이를 사업 기회로 인식했다. 이들은 지급결제 서비스를 자체 개발해 자신들의 전자상거래 플랫폼 안에서 지급결제에 대한 편의성을 제공했다.

이는 중국의 모바일 지급결제 핀테크 시장이 급속도로 성장하게 된 계기가 됐으며, 2014년 이후 연평균 누적성장률 65%를 기록했다. 알리바바와 텐센트는 지급결제 시장에서 각각 2위(33%)와 3위(10%)를 차지하며 지급결제 시장을 선도하고 있다.

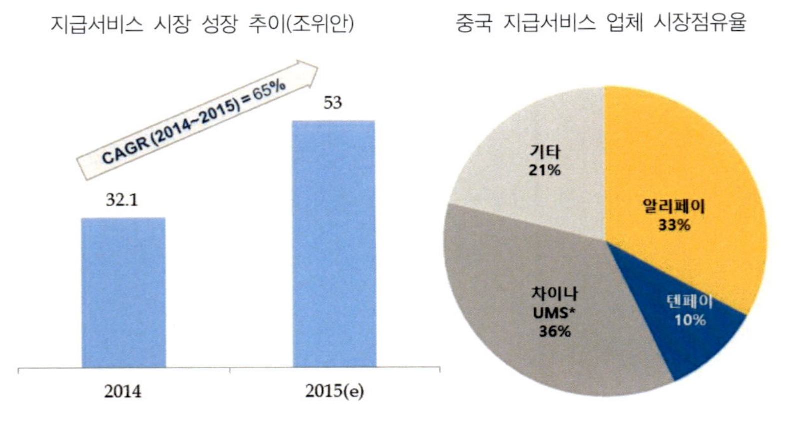

ICT기업이 핀테크 산업을 주도하면서 핀테크 산업은 금융 산업으로 영역을 넓혀가기 시작했다. 이런 움직임은 인터넷전문은행이 설립되면서 본격화됐다. 인터넷전문은행인 알리바바의 마이뱅크(MyBank)와 텐센트의 위뱅크(WeBank)는 빅데이터로 신용을 평가해 소액 대출을 제공한다. 특히, 마이뱅크의 경우 부실대출이 0.36%밖에 되지 않아 성공적으로 정착했다는 평가를 받고 있다.

알리바바의 Mybank

- 주주: 앤트파이낸셜(30%), 푸싱그룹(25%), 완샹그룹(18%)
- 중소기업과 농촌지역 고객을 대상으로 소액 대출 위주의 영업이 중심이 돼 위뱅크와 사업모델에서는 크게 다르지 않음
- 중국에서 인터넷전문은행은 본인인증을 위한 안면인식 기술 확보가 필수
- 마이뱅크는 알리바바 산하 신용정보서비스업체인 즈마신용(芝麻信用)을 통해 대출 심사를 진행하는데 전자상거래 결제내역, 신용카드 연체, 통신 및 각종 요금납부, 가입한 재테크 상품 등의 온라인 빅데이터 바탕으로 고객 대출가능 여부 판단
- 최대 500만 위안(약 9억 원)까지 중금리 대출 제공
- 서비스 시작 1년째인 2016년 6월 현재, 중소기업 고객은 170만 곳, 대출 잔액은 230억 위안, 부실대출 비율은 0.36%에 불과

텐센트의 Webank

- 주주: 텐센트(SNS, 30%), 바이예위엔(20%), 리예(20%)
- 2015년 5월 정식 서비스를 시작했고, 예금 및 중소기업과 소상공인을 위한 단기 대출 중심
- 위챗 플랫폼을 이용해 서비스
- 대출심사는 빅데이터를 이용해 자동으로 하며, 위챗 내용도 신용도 조사에 일부로 적용
- 서비스 시작 두 달 만에 8억 위안(1,470억 원) 대출
- 인당 20만 위안(3,700만 원)에 1일 이자 0.05%

알리바바의 핀테크 생태계 구축 성공 스토리

알리바바는 텐마오에서 타오바오, 알리페이, 위어바오 그리고 마이뱅크로 이어지는 핀테크 생태계를 빠르게 조성해 금융 인프라가 취약한 중국에서 최적의 금융방식을 제시하고 있는 것으로 평가된다.

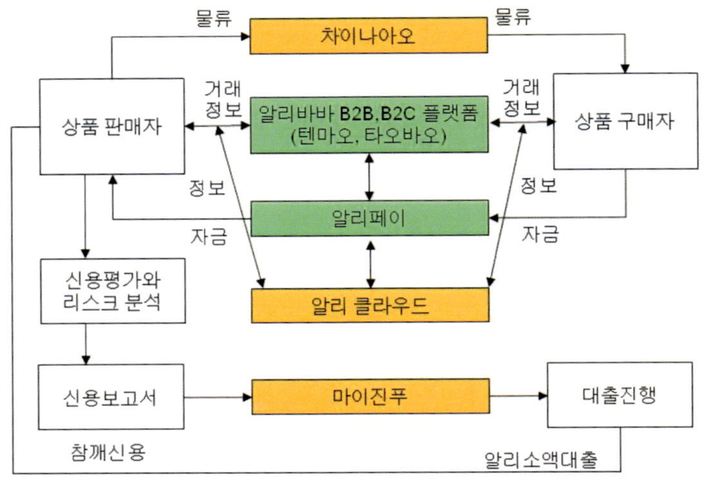

출처: 커넥팅랩

- 알리바바는 온라인 B2C플랫폼인 텐마오와 타오바오, 지급결제를 담당하는 알리페이를 중심으로 거대 생태계를 조성
- 상품판매자와 구매자의 거래정보와 알리페이의 지급결제정보는 알리바바의 클라우드 업체인 알리클라우드에 쌓임
- 이에 따라 상품판매자에 대한 신용평가와 리스크 분석정보도 저장되며, 이를 통해 작성된 신용보고서를 토대로 알리바바의 금융자회사인 마이진푸에서 상품판매자인 기업에 소액대출을 시행
- 위어바오는 선불 충전 방식인 알리페이를 활용. 고객의 알리페이 계정에 남아있는 여유자금을 텐홍펀드에 투자해 수익을 창출하는 구조. 2014년 6월말 수탁고가 5,000억 위안을 넘어섰으며 가입자 수도 1억 명이 넘고, 수익률은 최대 6%를 기록한 것으로 알려짐

ICT기업의 인터넷전문은행 설립을 유도하고 허용한 것은 금융 경쟁력 향상을 위한 중국 정부의 결단이었다. 중국 정부는 은행권에 경쟁체제를 도입하고, 금융서비스 개선을 도모했다.

현재 중국은 자국 산업자본에 대해 별도의 은행소유 제한 규제를 적용하지 않으며, 외국계 산업자본에만 은행 지분확보를 제한(개별 기업당 20%, 컨소시엄당 25%)하고 있다.

이처럼 금융 산업에 산업자본 진입을 허용함으로써 2010년 3월, 차이나모바일은 상하이푸동개발은행의 주식 20%를 58억 달러(한화 약 7조 81억 원)에 인수했으며, 2011년 3월 중국 은행감독관리위원회는 은행권에 대한 경쟁요소 도입을 목적으로 민간 산업자본이 중심이 되는 5곳의 민영은행 설립을 추가로 허가했다.

이를 통해 WeBank, MyBank, 진청은행, 화루이은행, 민상은행에 민간 산업자본의 진입이 허용됐다. 중국 정부는 인터넷전문은행을 통해 금융 산업을 혁신하고, 중소기업의 자금난을 완화시키는 동시에 금융개방을 적극적으로 유도하고 있다.

특히 중국의 인터넷전문은행은 기존 은행들이 주로 해오던 대형기업 중심 서비스를 벗어나 중소기업과 개인을 위한 금융서비스를 도입하는 데 주력하고 있다. 특히, P2P 대출 플랫폼을 양성화함으로써 자금 조달에 큰 역할을 하고 있다.

이 같은 성공 사례와 경험을 바탕으로 앞으로도 중국의 규제는 네거티브 기반의 규제를 통해 성장동력을 제공할 것이다. 또 인터넷 금융과 대출에 대한 규제를 통해 리스크를 줄이고. 소비자의 권익을 보장하는 등 산업 활성화와 규제 간의 균형을 적절히 유지할 것으로 예상된다.

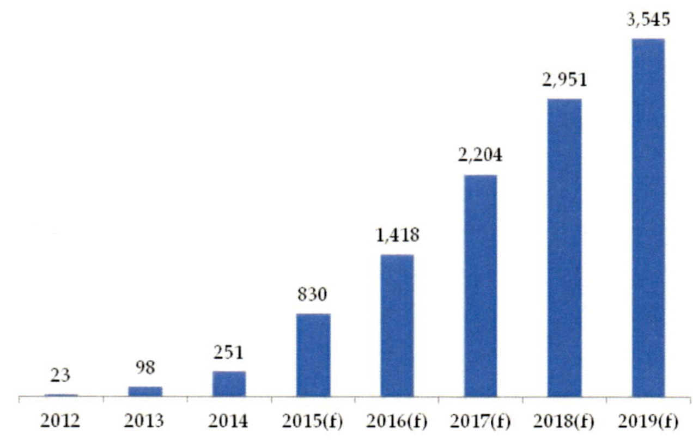

출처: iReasearch(2016년)

- 중국은 미국과 같이 네거티브 방식을 준용해 핀테크 산업 성장의 저해요소를 막고자 노력
- 그러나 금융 리스크와 소비자 권익 보호를 위해 무조건 풀어주는 정책이 아니라 이슈가 발생할 수 있는 요소에 대해서는 철저히 규제
- 특히, 인구의 80% 이상이 사용하는 P2P 대출에 집중한 대출 부분 규제 강화

중국은 기본적으로 선(先) 산업 활성화, 후(後) 규제 기조를 지향하고 있다. 다만, 소비자 보호나 대출 등과 관련된 문제가 발생하면 필요에 따라 감독을 강화하고 있다.

중국은 후발 주자지만, 핀테크 관련 투자규모나 거래규모에 있어서는 미국과 거의 동등한 수준이다. 특히 P2P 대출은 전 세계적으로 가장 활성화돼 있는 국가로 평가할 수 있다.

중국의 핀테크 규제

네거티브(**negative**) 방식으로 핀테크 산업을 규제

- 국영은행들의 반대에도 불구하고 핀테크 기업이 주주로 참여한 민영은행 설립 을 승인하는 등 사전규제 시 발생할 수 있는 이슈를 사전에 차단

'인터넷금융의 건전한 발전을 위한 가이드라인'
- 상품별로 감독기관을 지정하고, 핀테크 업체들이 투자자 자금을 제3자인 은행에 예치하고 관련정보를 공개하도록 조치
- 소비자보호를 위해 핀테크 기업 정보 및 투자상품의 리스크에 대한 정 보 공개를 강화하고 고객 및 거래기록 정보보호를 강화

'인터넷 대출정보 중개기관 업무활동 관리 시행법안'

- 최근 P2P 등의 문제점이 제기되자 최소 자본요건, 레버리지 등의 규제 도입을 통해 리스크 관리 강화방안을 검토

출처: 한국은행

숫자로 본 중국 핀테크의 성과

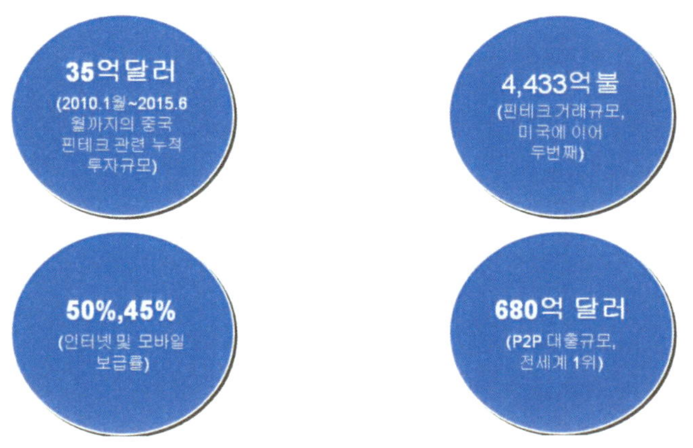

출처: FNTIMES(2016년)

3 세계 최대의 핀테크 시장, 미국

맥킨지는 핀테크 산업으로 인해 미국 소매 금융시장이 2025년 40% 이상 잠식당할 것이라는 전망을 내놨다. 미국의 핀테크 업체들은 전통적인 은행의 금융서비스에서 나아가 인터넷·모바일 기술과 플랫폼을 확산시켜 소비자들의 접근성과 편리성을 제공하면서 점유율을 높여가고 있다.

핀테크 산업의 금융권에 대한 영향

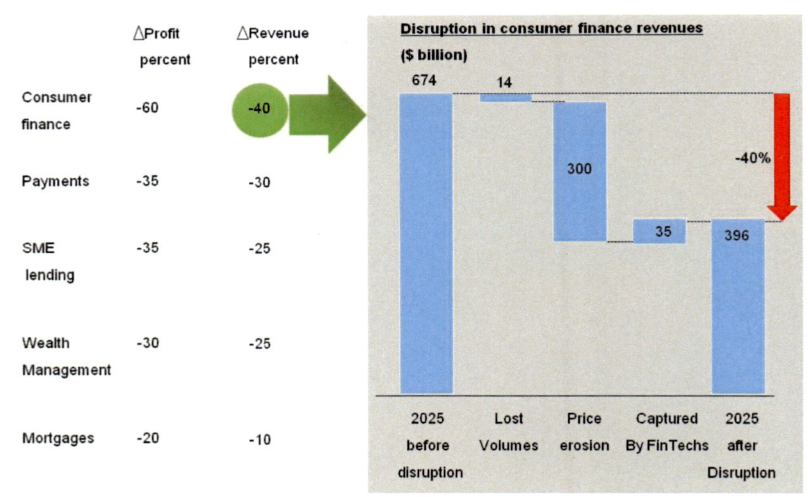

출처: 맥킨지(2015년)

여기다 이베이와 구글, 애플, 아마존, 페이스북 등 거대 ICT기업들도 전자상거래, 스마트폰 플랫폼, SNS의 영역에서 지급결제, 전자지갑, 전자화폐 등의 금융업 분야로 빠르게 사업을 확대해가고 있다. 이 때문에 미국의 기존 금융권이 핀테크로부터 느끼는 위협은 다른 국가보다 현실로 다가오고 있다.

핀테크 산업의 미국 금융시장 잠식

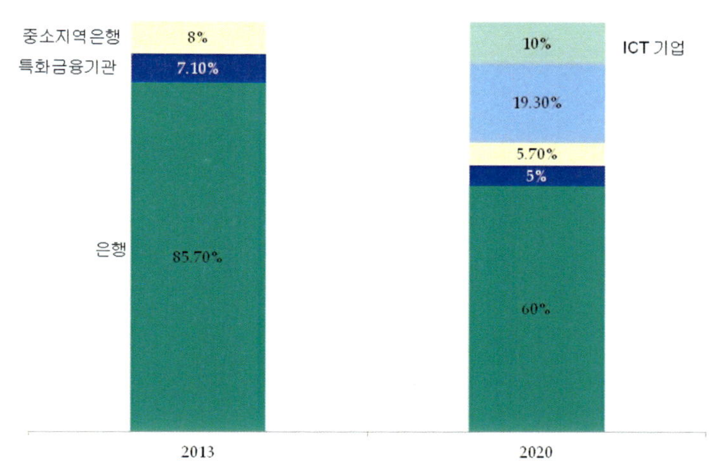

출처: 한국인터넷진흥원, "액센츄어"

미국은 이미 산업자본의 금융 산업이 허용돼 20곳이 넘는 인터넷전문은행이 운영되고 있을 정도로 핀테크 산업과 기존 금융 산업 간의 경쟁과 협업이 활발하다. 미국의 인터넷전문은행은 금융회사뿐 아니라, 제조사, 유통사, 개인 등 다양한 주체들에게 설립이 허용되며, 여러 비즈니스 모델을 갖추고 있다.

미국의 현 상황은 핀테크 산업의 초기 국면으로 접어든 한국에 큰 시사점을 던진다. 핀테크 산업과 기존 금융업의 협업과 경쟁이 어떻게 전개될

까? ICT 등 이종 산업의 금융업 진출과 경쟁의 결과는 어떻게 될 것인가.

미국 내 주요 인터넷전문은행 현황

회사명	설립주체
Charles Schwab Bank	금융회사(증권사)
Ally Bank	제조업 계열 금융회사
Discover Bank	금융회사(카드사)
E*Trade Bank	금융회사(증권사)
American Express Bank	금융회사(카드사)
Barclays Bank Delaware	개인
CIT Bank	금융회사
Sallie Mae Bank	금융회사(학자금 대출)
BMW Bank	제조업체
Nationalwide Bank	금융회사(보험사)
Aloster Bank	개인
Boli Federal Bank	금융회사
Colorado Fsb	금융회사
First International Bank	개인
GE Capital Bank	세소업제
Nordstrom Fsb	백화점
Principal Bank	금융회사(보험사)
State Farm Bank	개인
Synchrony Bank	제조업체

미국의 인터넷전문은행은 최대 30여 곳까지 증가했다가 2014년까지 14곳이 퇴출됐다. 퇴출된 14곳 가운데 10곳은 은행이 설립한 인터넷전문은행이었다. 비은행 기업이 설립한 인터넷전문은행의 생존율과 비교해봤을 때 큰 차이(47.4% vs 79%)를 보였다.

자본시장연구원은 2016년 미국의 제조사·유통회사·금융사 등 비은행권 회사가 설립한 인터넷전문은행이 은행권이 만든 인터넷전문은행보다 수익성과 비용효율성 측면에서 우월했다고 밝혔다. 이는 ICT기업의 핀테크 기술력과 인터넷전문은행의 경쟁력이 기존 금융권에게 실질적인 위협이 될 수 있음을 시사한다.

미국의 찰스슈왑과 자동차회사 GM의 금융계열사인 얼라이뱅크(Ally Bank)는 자산 기준 미국 최대 인터넷전문은행이다. 특히, 찰스슈왑은 자산관리 서비스를 받기 어려운 규모의 자산을 보유한 고객들의 자산을 로보어드바이저 등 핀테크 기술을 활용해 관리해준다. 증권사 계좌로부터 은행계좌로 고객의 계좌를 확장시켜 증권사 서비스 외의 은행 업무 서비스 등을 제공하고 있고, 지점을 통한 대면 서비스도 가능하다. 이를 통해 증권계좌에서 은행계좌로 옮긴 자산의 규모가 약 110조 원을 기록하는 등 성공적으로 안착했다.

미국의 대표적 인터넷전문은행, 찰스슈왑

charles **SCHWAB**
BANK

- 모회사인 증권사 고객을 기반으로 은행계좌 수를 늘려 현재는 자산이 1,000억 달러(약110조 원)를 넘어섬
- 온라인에 익숙한 이용자들은 지점 방문없이 계좌 계설부터 자산관리 서비스 등을 이용할 수 있지만 온라인에 익숙치 않은 고객들은 언제든 편하게 지점을 방문해 서비스를 받을 수 있음
- 로보 어드바이저를 통한 자산관리 서비스도 제공

출처: 각사 홈페이지

2009년 설립된 얼라이뱅크는 GM계열의 차량 구매와 연계된 자동차 파이낸싱으로 시작했다. 하지만 이후 P2P 대출이나 계좌번호가 필요 없는 결제와 이체 등 핀테크를 이용한 다양한 은행 서비스로 확장하고 있다.

미국의 대표적 인터넷전문은행, Ally Bank

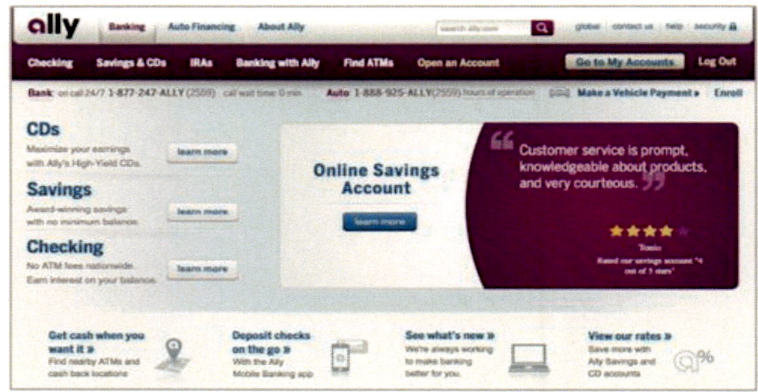

- 2009년에 설립한 인터넷 전문은행
- GM과 연계해 Auto Financing을 전문적 cover
- 주 수익원은 자동차 딜러 대상 기업대출(46%)과 자동차 구매자 대상 오토론(38.9%)을 통한 이자 수입
- 편리학 P2P이체, 결제서비스
  - 계좌이체 시 이메일과 전화번호로 이체

출처: 각사 홈페이지

미국의 핀테크 산업 발전에는 미국 정부의 규제 철폐 노력도 기여하고 있다. 먼저, 미국의 핀테크 규제는 네거티브 방식이며, 완화보다는 철폐에 중점을 둬 핀테크 산업이 성장하는 데 주도적인 역할을 하고 있다.

- 미국은 네거티브 방식을 준용해 핀테크 산업 성장의 저해요소를 막고자 노력
- 또한, 민간이 제안하기 전에 정부 주도의 빠른 대응으로 민간 성장 지원
- 규제의 완화보다는 철폐에 중심을 둬 민간이 사업을 하는데 명확하며 신속하게 의사결정이 가능토록 지원

미국의 핀테크 규제

네가티브**(Negative)** 규제 시스템

- 명확하게 금지한 것 이외는 할 수 있도록 하는 규제시스템을 지향해 기업이 사업을 전개 시 예측이 가능함

정부의 선도적 법개정을 통한 민간 성장 견인

- 잡스법을 통한 크라우드펀딩 활성화 공헌 및 렌딩클럽 등 **P2P** 대출에 대해 유가증권으로 해석해 사업 운영이 중지되었으나 법 개정을 통해 **6개월** 내 다시 영업을 재개할 수 있도록 함으로써 **startup**의 성장 지원

규제의 점진적 완화보다는 철폐

- 규제완화라는 측면보다는 비합리적 규제 철폐에 더 무게감으로 두고 금융관련 규제를 바라보는 시각이 특징적

특히, 미국의 은산분리 완화와 산업대부회사(ILC; Industrial Loan Company)제도는 산업자본의 인터넷전문은행에 대한 투자를 늘리는 동기부여가 됐다. 2014년 미국 전체 상업은행 대비 인터넷전문은행의 자산고 예금은 각각 3.1%, 2.8%를 기록했다.

- 1995년 최초 인터넷전문은행 설립 이후 ICT 기반 차별화 서비스 제공
- 은산분리 부분 완화 및 ILC(Industrial Loan Cmpany)제도를 통한 인터넷전문은행 설립 활성화
- 1999년 금융현대화법(Gramm-Leach-Bliley Act) 도입으로 은산분리 규제 부분 완화(산업자본

은행 지분 25% 보유 허용) 이후 인터넷전문은행 설립 활성화
- 2000년대 초까지 인터넷전문은행 설립 급증, 30여개 넘는 인터넷전문은행 설립
- 서브프라임 위기로 쇠퇴를 겪은 이후 은행권 내 인터넷전문은행 비중 확대
- 인터넷전문은행의 상업은행 대비 예금비율 증가: 0.9%(2002년) → 2.8%(2014년) (FDIC, 2014년)
- 미국 월마트 계열의 고뱅크(Go Bank)는 간편 인증 계좌조회, 지출관리 서비스 등 ICT를 활용한 다채로운 서비스 제공
- 간단한 계좌현황 조회가 가능한 '잔액 슬라이드', 구입하려는 물건의 사진을 찍어 보내면 필요한 지출인지를 대답해주는 '점쟁이(Fortuneteller)' 서비스 제공

미국 상업은행 대비 인터넷전문은행 자산과 예금 비중 증가 추이

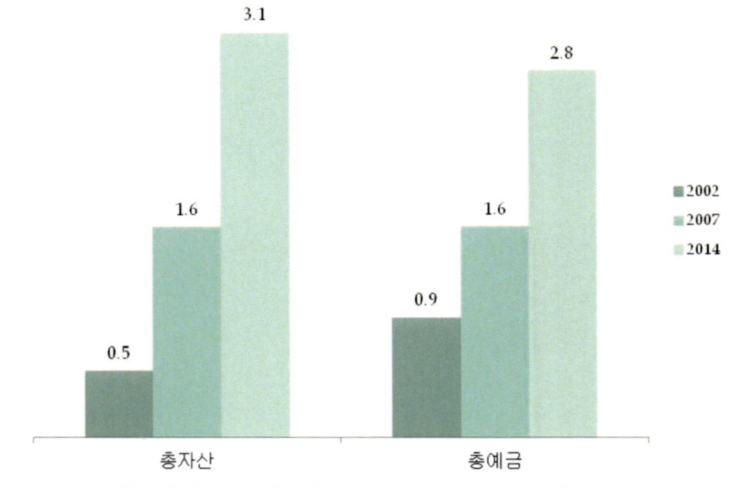

출처: 자본시장연구원, "미국 인터넷전문은행의 진입·퇴출 특성 분석"(2015년)

미국의 ILC제도

미국의 ILC제도는 은행지주회사법에 적용되지 않아 산업자본의 경영권 행사가 가능하고, 이를 통해 비즈니스 서비스 회사인 피트니 보우즈(Pitney Bowes) 등 ICT기업은 자사의 역량을 이용한 다양한 서비스로 경쟁력을 강화하고 있음

- 산업자본의 은행 주식 취득 제한에도 ILC(Industrial Loan Company; 산업대부회사)제도를 통해 산업자본의 실질적 은행 소유 가능
- ILC는 산업자본의 은행 지분 25% 제한 규정한 은행지주회사법(BHCA; Banking Holding Company Act)이 적용되지 않아 산업자본의 경영권 행사 가능한 유사은행
- 연방예금보험 가입 규정한 7개 주(하와이, 미네소타, 유타, 네바다, 캘리포니아, 콜로라도, 인디애나)에서 허용되며, 이 중 약 77%는(39개 중 30개) 오프라인 점포를 운영하지 않는 인터넷전문은행 형태
- ILC의 자산이 1억 달러 이상인 경우 요구불예금 수령이 허용되지 않지만, 이 경우도 당좌예금식 저축예금계좌를 통해 기존 은행과 동일한 서비스 제공 가능
- Pitney Bowes Bank(Pitney Bowes 소유), First Electronic Bank(Fry's Electronic 소유) 등 ICT기업을 모회사로 둔 인터넷전문은행이 1998년부터 운영 중
- 모회사 전자상거래 결제 등과 연동해 사용할 수 있는 신용카드, 예금 선불결제, 대출 등 금융서비스를 온라인으로 제공

미국의 ICT기업 소유 인터넷 전문은행 현황

은행명	주요 주주 현황	특징
The Pitney Bowes Bank	Pitney Bowes, Inc.(전자상거래) (100%)	• 모기업 사업에 예금 등 금융상품 연계로 기존 서비스 강화 • 주로 모기업 Pitney Bowes의 주력 사업모델인 발송사업 강화 목적으로 이용, 이에 맞춘 금융 서비스 제공 • 발송서비스 이용대금 수납 및 전자상거래 위한 신용카드 제공, 고객은 예금을 통한 선불결제 및 이자 수령 가능 • ILC 인가 및 인터넷 전문은행 설립('98), 총자산 $7억, 예금 $6억
First Electronic Bank	Fry's Electronics, Inc.(전자상거래) (100%)	• 개인/기업 대상 예금, 신용카드, 대출 등 금융상품 제공 중 • 'Fry's Electronics' 모기업 고객대상 소매 신용카드 제공 • 자사 플랫폼 연동을 통한 맞춤형 금융 상품, 서비스 제공 • -특히 비은행 금융사와의 전략적 제휴 관계를 통해 대출 등 기존 금융 상품 모델을 강화하고 서비스 확장 가능 • ILC 인가 및 인터넷 전문은행 설립('00), 총자산 $14억, 예금 $5억

미국은 핀테크 거래규모 1위, P2P 대출 규모 2위, 핀테크 누적 투자 316
억 달러(한화 약 38조 1,700억 원) 등 전 세계 핀테크 산업을 주도하고 있
다고 해도 과언이 아닌 핀테크 산업 강국이다.

숫자로 본 미국 핀테크 성과

출처: Statista(2016년)

4 배울 점이 많은 일본의 핀테크 산업

과거 고성장 시대를 거친 일본은 부동산 버블이 붕괴되며 '잃어버린 10년'이 시작됐다. 은행들은 부실화되고, 경제가 추락하자, 일본 정부는 손쉬운 경기부양을 택했다. 하지만 이는 정부재정을 더욱 악화시켜 부양 효과를 떨어뜨렸고, 고령화와 저출산으로 인해 성장잠재력은 더욱 하락했다.

한국도 원고 현상, 내수부진, 부동산과 가계부채 증가, 중국 경제 성장 둔화로 인한 수출 감소 등까지 일본의 전철을 밟는 것 아니냐는 우려의 목소리가 나오고 있다.

한국의 금융 규제나 제도 등은 일본과 유사한 부분이 많기 때문에 일본이 핀테크에 대해 어떤 대응을 하고 있는지에 대해서는 되짚어볼 필요가 있다.

일본은 1997년 산업자본의 은행업 진출을 허용하고, 2000년 인터넷전문은행 가이드라인을 제정하는 등 빠른 행보를 보이고 있다. 그 결과, 일본에서 인터넷전문은행은 2010년 이후 연평균 30%의 고성장을 달성하고 있다.

보수적인 금융 규제 환경을 가진 일본이 첨단 금융 산업인 핀테크 산업을 받아들이고, 성장시킬 수 있었던 배경은 무엇일까.

일본의 금융 산업은 '보수와 개혁'이라는 두 갈래의 길에서 갈등해왔다. 결국 1997년 산업자본의 금융업 진출이 허용되며, 금융업의 지분 20% 이상을 취득할 수 없었던 산업자본이 금융업을 영위할 수 있는 법적 기반이 마련됐다. 이런 기반 아래 이후 약 3년 간 비금융 산업이 은행업에 진출할 경우를 대비한 심사와 감독 지침들이 마련됐다. 이에 따라 다양한 산업이 은행업에 진출했고, 인터넷전문은행도 설립됐다.

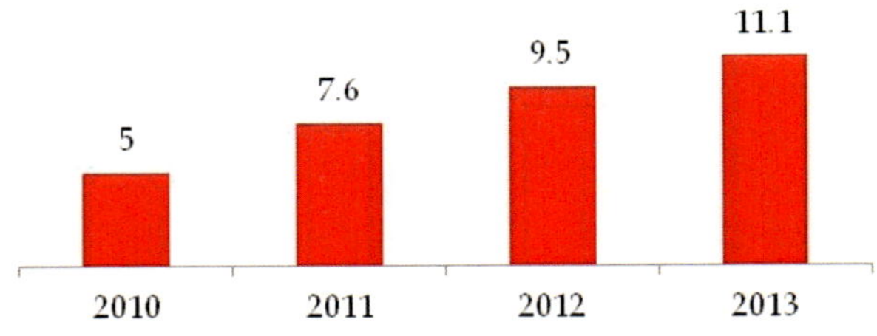

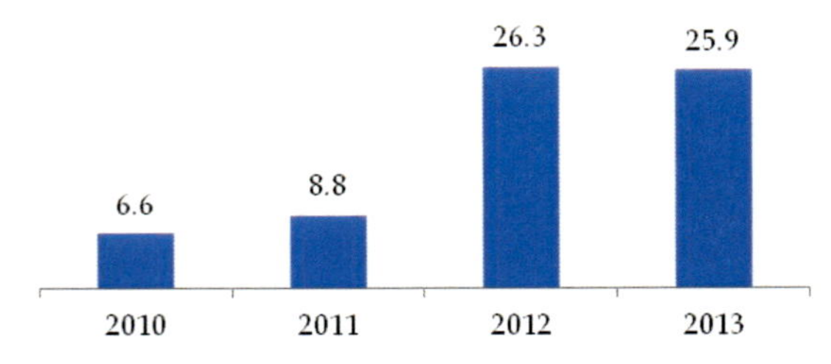

출처: 금융투자협회, "2014년 각사 IR 자료"(2015년)

　　금융 산업 위기를 극복하기 위해 겸업화를 촉진한다는 목적으로 은행법이 개정됐다. 특히, '산업자본 은행업 진출 허용(1997년)'과 '산업자본의 은행 설립 가이드라인 제정(2000년)'은 산업자본의 20% 소유 제한 규정을 폐지하고 은행 보유를 허용한다는 취지였다.

　　일본은 인터넷전문은행 등 '새로운 형태의 은행' 설립에 필요한 규정(은행경영의 독립성 확보, 모회사 사업 리스크 차단, 개인정보보호 장치 등) 대부분을 2000년대 초에 정비했다.

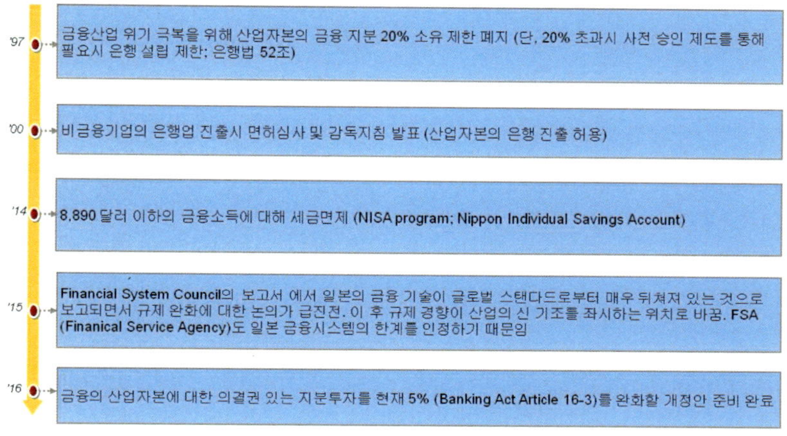

일본 정부가 규제를 완화하기 위한 노력의 결과, 현재 6곳의 인터넷전문은행 중 4곳의 대주주는 산업자본으로 경영권을 행사하고 있다. 이들은 2010년 이후 연평균 30% 이상 급성장할 만큼 성과도 우수한 편이다.

특히 재팬넷은행을 비롯해 소니은행, 라쿠텐은행, 지분은행 등 ICT기업 소유 인터넷은행은 모기업과의 시너지를 통한 차별화와 편의성을 기반으로 금융업계의 성장을 크게 웃돌고 있다.

이밖에도 세븐은행이나 라쿠텐은행과 같이 유통이나 모기업의 전자상거래 포털을 금융서비스와 접목시킨 모델은 한국의 카카오은행에 시사점을 주고, 일본 통신사업자인 KDDI의 모바일 역량을 금융서비스와 접목시킨 지분은행 모델은 한국의 K뱅크에 시사점을 줄 수 있는 인터넷전문은행의 모델이다.

전자상거래 유통기반 인터넷전문은행인 라쿠텐은행은 2015년 매출이 23.3%, 영업이익이 75.9% 증가하며 대표적인 성공 사례로 자리 잡았다. 라쿠텐은행은 모회사 라쿠텐의 전자상거래 역량을 활용한 서비스를 출시한 이후 전자상거래를 이용하는 9천만 명의 회원의 구매내역을 분석해 맞춤형 금융서비스를 추천하고 있다.

또한 계열사 라쿠텐증권과 연계된 '머니브릿지' 서비스와 이메일을 이용한 간편 송금 서비스인 '이메일머니'와 같은 차별화된 서비스를 제공하는 등 금융의 편의성과 혁신을 꾸준히 도입했다. 이에 따라 일본 내 인터넷전문은행 가운데 가장 양호한 성과를 내고 있다.

일본 라쿠텐은행의 성장

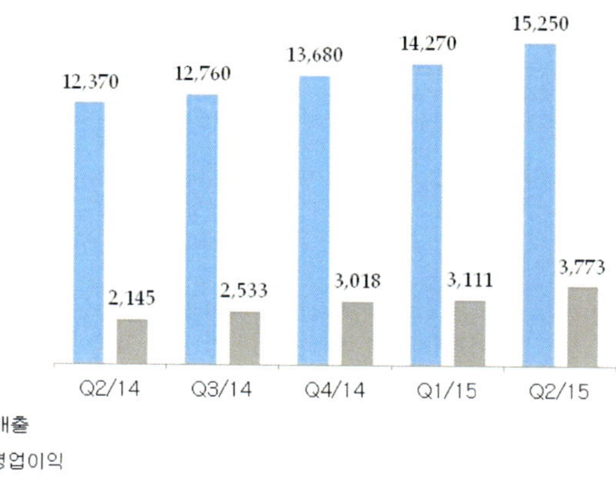

출처: 일본 전자공시시스템

일본 최대 인터넷전문은행 스미신SBI넷은행

이밖에도 일본 최대 인터넷전문은행인 스미신SBI넷은행은 SBI 금융그룹 계열 증권사와 증권사 계좌 개설, 교차 판매를 목적으로 협업관계를 맺고 1년 365일 24시간 금융서비스를 제공하고 있다.

다이와 증권그룹의 인터넷전문은행인 다이와넥스트은행도 일본의 대표적 인터넷전문은행이다. 온라인상에서 은행과 증권 계좌 간에 자유로운 자금 이동이 가능하다는 점 등 기존 은행 서비스를 넘는 편의성과 신속성으로 성과를 높이고 있다.

다이와넥스트은행

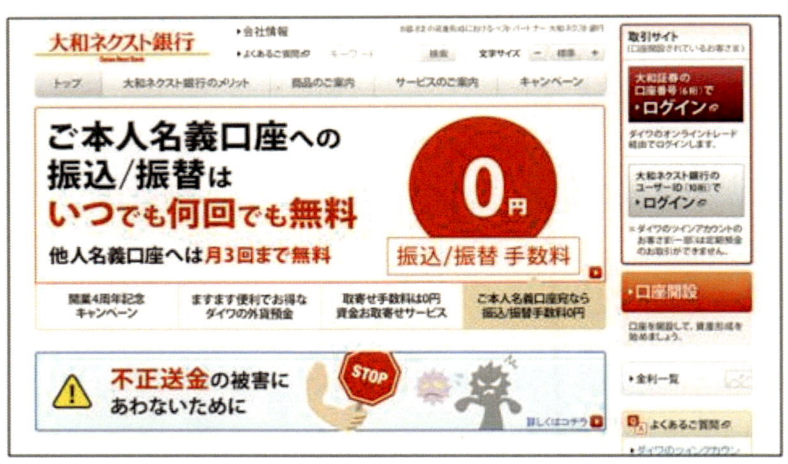

5 유럽 핀테크 산업의 창조적 다양성

유럽도 미국, 영국, 중국과 마찬가지로 다양한 규제 철폐로 산업자본의 인터넷전문은행 진출을 허용했다. 얍(Yapp), 텔레포티카(Telefonica), 페이팔(Paypal), 텔레노어방카(Telenor Banka)와 같은 ICT기업이 인터넷전문은행으로 영역을 확장하고 있다.

유럽은 일찌감치 'EC 제2차 은행업 지침(the EC Second Banking Directive, 1989년)'에 따라 기본적으로 산업자본의 은행소유를 허용하고, 적격성 여부만을 심사한다. 이는 건전성 차원의 심사로, 부적격자 진입을 방지하는 수준의 규제일 뿐이다.

더욱이 EU 특정 국가에서 은행업 인가를 받으면 EU 내 다른 국가에서도 은행업이 가능할 정도로 규제가 완화돼있다.

이처럼 자유로운 유럽의 금융 환경 속에서 다수의 인터넷전문은행들이 운영되고 있다. 특히 ICT기업 소유의 대표적인 인터넷전문은행인 얍, 텔레노어방카, 페이팔 등은 이동통신 플랫폼이나 지급결제 플랫폼을 활용해 핀테크 서비스를 활발히 제공하고 있다.

스페인 1위 이동통신사인 텔레포니카가 설립한 얍은 텔레포니카 가입자 기반을 활용해 출시 6개월 만에 10만 금융서비스 가입자를 확보했다.

또한 시장 점유율 33%를 점하고 있는 세르비아 2위 이동 통신사 텔레노어는 2014년 9월 텔레노어방카를 설립했다. 텔레노어는 통신고객을 금융고객으로 이동시키는데 성공하면서 10만 명 이상의 금융 고객을 단시간에 확보할 수 있었다.

미국의 지급결제 핀테크 기업인 페이팔도 룩셈부르크에서 은행업 면허를 취득하고 서비스 제공 범위를 지속적으로 확대해 가상 직불카드, 신용카드, 머니마켓 펀드, P2P 등 다양한 금융서비스 제공하고 있다.

유럽의 ICT기업 소유 인터넷전문은행 약진

은행명	주요 주주 현황	특징
Yaap (스페인)	Telefonica(스페인1위 이동사) (33%), Santander Bank(33%) Caixa Bank(33%)	o '14년 인터넷전문은행 설립(Yaap Money) - 모바일 금융 플랫폼 중심의 수익 창출 - 지역 60만 중소기업 대상 모바일 커머스 플랫폼 제공 - 전화번호, SNS 계정 통한 P2P송금서비스 o 출시 6개월 동안 사용자 10만명 확보
Telenor Banka (세르비아)	Telenor(세르비아2위 이동사) (100%)	o '14.9월 설립, 10만명 이상 고객 보유 - Telenor ATM에서 예금인출시, 환율 우대 및 마스터 직불카드 수수료 무료제공 - 인도에 Payments Bank License 추가 인가('15)
Paypal Bank (룩셈부르크)	Paypal(전자결제) (100%)	o 룩셈부르크에서 EU 전역 대상 은행업 면허취득('07) - 유럽 내 4천여만회원('12) 대상 금융서비스 확장추진 - 10대 학생 계좌 개설 등 다양한 아이디어 상품 출시('09) - 'PayPalMe'라는 P2P 결제플랫폼을 영국/독일/프랑스 등 출시('15.1)

출처: 각사 IR 자료(2015년)

유럽의 인터넷전문은행은 젊은 층을 공략하며 더욱 성장을 이끌고 있다. 유럽 청년층 실업률이 높아지면서 청년들은 재무 관리에 대한 관심이 높아졌고, SNS와 모바일 이용도도 높아지고 있었다. 인터넷전문은행들은 청년층이 편리하고 신속한 핀테크 금융서비스를 받아들일 최적의 고객층으로 보고 다양한 서비스를 제공하고 있다.

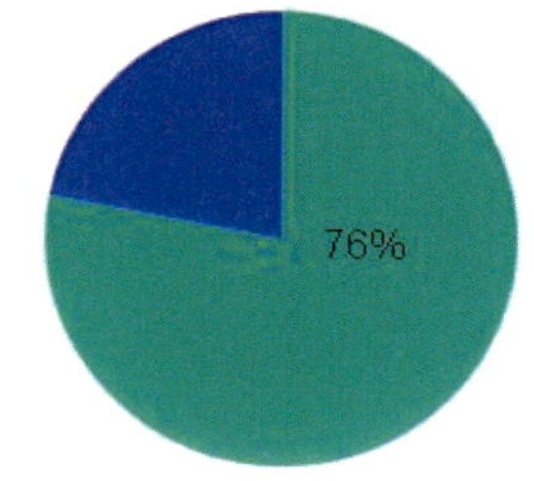

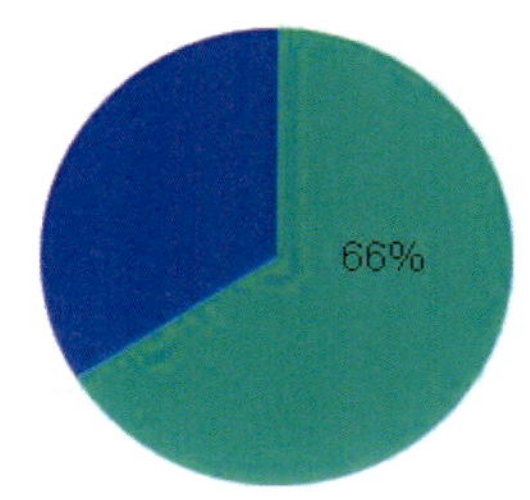

BNP파리바의 헬로뱅크(Hello Bank)는 젊은 층을 주 타깃으로 SNS, 모바일 연동 금융서비스를 제공한 유럽 최초의 스마트 인터넷전문은행이다. 헬로뱅크는 장기 불황으로 젊은 층의 불안이 증가하면서 청년층의 재무관리에 대한 관심이 늘었다는 점을 포착했다. 젊은층의 76%가 과거 세대에 비해 재무적 불확실성이 증가하고, 이들의 66%가 과거보다 더 많은 재무적 결정을 내려야 할 것이라는 관측(ING, 2015년)에 따라 이들의 니즈를 공략하기 위해 다양한 ICT 기반 서비스를 출시했다.

특히 헬로뱅크는 스마트폰이나 태블릿 앱을 통해 은행 웹사이트에서 직접 계좌 개설을 가능하게 했다. 또한 계좌번호를 휴대전화번호 또는 QR코드로 대체하는 등 모바일을 기반으로 편의를 최대한으로 고려한 서비스를 제공하고, 스마트워치용 은행 앱을 출시해 청년층 고객확보에 주력했다. 그 결과, 헬로뱅크의 고객 수는 2014년 대비 1년 사이 370%가 증가했다.

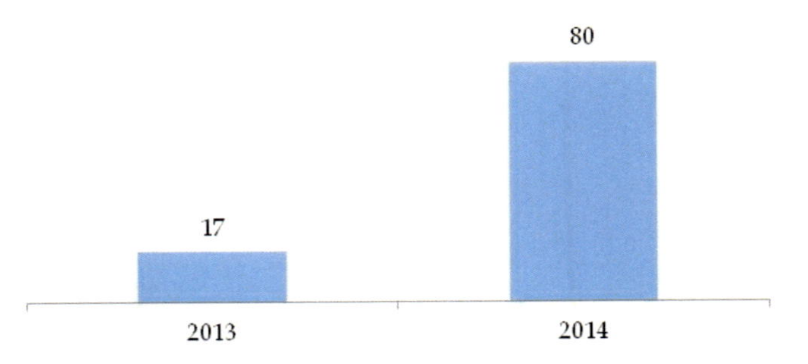

출처: ING(2015년), 헬로뱅크 IR(2014년)

독일 인터넷전문은행 피도르뱅크

유럽의 대표적인 인터넷전문은행인 독일 피도르뱅크(Fidor Bank) 역시 SNS와 연동한 예금과 대출금리 인하 서비스를 제공하고 있다. 피도르뱅크

는 페이스북(Facebook) 등 SNS를 통해 상품 아이디어와 의견을 등록하면 우대금리 등의 보상을 하는 등 고객들의 자발적이고 적극적인 참여를 유도했다. 이 은행은 고객이 운영하는 온라인 커뮤니티 은행의 모델을 지향하며 크라우드펀딩, P2P대출 등을 주요 금융서비스로 취급하고 있다.

포르투갈의 액티보뱅크(Activo Bank)는 '단순함'을 내세우며 모바일 중심 금융서비스를 제공하고 있다. 고객이 모바일 앱을 통해 신규상품 가입을 포함한 모든 거래를 할 수 있다. 유럽에는 이처럼 다양한 혁신 상품을 만들어 내는 창업기업들이 급성장하고 있다.

유럽 50대 유망 핀테크 스타트업 기업

순위	회사명	도시	국가
1	AimBrain	London	영국
2	Algomi	London	영국
3	Barzahlen	Berlin	독일
4	BehavioSec	Lulea	스웨덴
5	Behavox	London	영국
6	Bima	Stockholm	스웨덴
7	Bitnet	Belfast	영국
8	Blockchain	London	영국
9	Bought By Many	London	영국
10	Callsign	London	영국
11	Cognia	London	영국
12	Contego	Abingdon	영국
13	Credit Benchmark	London	영국
14	Digital Shadows	London	영국
15	Elliptic	London	영국
16	Ethereum	Zug	스위스
17	Everledger	London	영국
18	Fenergo	Dublin	아일랜드

19	Fidor Bank	Munich	독일
20	Five Degrees	Breukelen	네덜란드
21	FundApps	London	영국
22	InvoiceSharing	Rotterdam	네덜란드
23	Iwoca	London	영국
24	Kantox	London	영국
25	Kaymera	Tel Aviv	이스라엘
26	Knip	Zurich	스위스
27	LendInvest	London	영국
28	Mambu	Berlin	독일
29	MarketInvoice	London	영국
30	Meniga	Reykjavik	아일랜드
31	Monetas	Zug	스위스
32	Number26	Berlin	독일
33	Onfido	London	영국
34	Personetics	Tel Aviv	이스라엘
35	Pockit	London	영국
36	Prodigy Finance	London	영국
37	Property Partner	London	영국
38	QuanTemplate	London	영국
39	Raisin	Berlin	독일
40	RateSetter	London	영국
41	Ravelin	London	영국
42	Revolut	London	영국
43	Spotcap	Berlin	독일
44	Suade	London	영국
45	Sybenetix	London	영국
46	SynerScope	Eindhoven	네덜란드
47	Tradle	London	영국
48	Traxpay	Frankfurt	독일
49	WeaveWorks	London	영국
50	Yoyo	London	영국

⑥ 기타 트렌드 - 상품과 서비스 위주의 기타 핀테크 트렌드

마지막으로 전 세계 수많은 핀테크 사업자가 지금 이 시간에도 쏟아내고 있는 금융 내 다양한 영역에서의 혁신적인 제품과 서비스 중 대표적인 핀테크 상품을 살펴보자.

중국 1위의 할부기반 전자상거래 플랫폼을 운영하고 있는 취펀치(趣分期; Qufenqi)도 알리바바와 같이 포털에서 물건을 구매한 뒤 소비자 개인에 맞는 할부 프로그램을 선택할 수 있는 서비스를 제공하고 있다.

유럽 1위의 전자상거래 지급결제 솔루션을 제공하는 클라마(Klama)는 단순 지급결제 솔루션 서비스에서 벗어나 판매자와 구매자의 신용분석을 통해 소비자에 맞는 유연한 지급 조건을 제시한다. 또한 결제 과정도 절차를 간소화해 이메일 주소만으로 모바일 결제가 가능하다.

미국의 결제 플랫폼인 스트라이프(Stripe)는 페이팔보다 간략한 프로세스로 결제가 가능하다. 이 회사의 2015년 기업가치는 약 6조 원에 이른다.

또 다른 핀테크 서비스의 트렌드는 지급결제에 편중돼있던 핀테크 사업들이 여신영역까지 확대되고 있다는 점이다.

글로벌 1위의 P2P대출 플랫폼인 펀딩써클은 자체 신용분석 플랫폼을 통해 차입자의 신용을 평가하고 옥션 형식으로 차입자와 대여자 간의 여신 마켓플레이스(market place)를 형성하는 서비스를 제공한다. 이러한 서비스를 통해 금융기관으로부터 소외받은 소상공인들의 자금조달에 기여를 하고 있다.

글로벌 핀테크 기업의 혁신 모델 대표 사례

	Qufenqi 趣分期	Klarna klarna	Stripe stripe
As-Is Status	• 중국 1위 할부 기반 e커머스 플랫폼 • SVC 개시 1년 간 1억 달러 투자 유치	• 유럽 1위 e커머스向 Payment Solution 업체 • 유럽 18개국에 5.5 만 고객 보유 • 추정 기업 가치 2.5조 원	• 높은 개발자 편의성을 지닌 온라인 결제 플랫폼 　- PayPal의 경쟁자로 지칭 • 2015년 3억 달러 투자 유치 • 추정 기업 가치 6조 원
Main Strategy	• 맞춤형 할부프로그램 제공 　- 24개월 이내 자유롭게 월단위 할부 기간 선택 가능 • 전자제품 구입에 민감한 젊은층 Target 　- 대학생, 사회초년생 등	• 사용자 신뢰도에 기반한 안정성 높은 Solution 제시 　- 판매자와 구매자의 신용도를 모두 평가 　- 최초가입 시 주민등록번호, 주소, 신용평가 정보를 확인	• 개발자 선호도를 중시하여 시장 내 침투율 제고 　- 기존 사업자가 경시한 Back-end의 편리성을 제고 　- 다양한 프로그래밍 언어 지원
Competitive Edge	• 이용 편리성 　- 구매페이지에서 바로 월납입금 확인 가능 • 가격 비교 용이성 　- 할부금액과 함께 이자를 포함한 총 금액을 제시	• 절차 간소화로 이용 편리성 제고 　- 이메일 주소와 우편번호만으로 모바일 결제 가능	• 높은 개발자 편의성 제공 　- PayPal 대비 간략한 Process로 카드결제 가능 　- 별도의 Pop-Up창이 필요 없어 Visitor Control 가능성 높음

출처: 각사 홈페이지

빅데이터 기반 대출 핀테크 서비스

	Funding Circle	Kreditech Kreditech	Avant AVANT
As-Is Status	• 글로벌 1위 P2P 대출 플랫폼 • 2015년 1.5억 달러의 투자 유치 • 추정 기업가치 1.1 조 원	• 저 신용등급 개인에 대한 대출 SVC 제공 　- 24개월 이내 자유롭게 월단위 할부 기간 선택 가능 • 독일 Fintech 중 최대 규모인 0.4억 달러의 투자 유치	• 개인 저금리 대출 SVC 　- 2012년 창업 후 20만 고객 확보 • 2014년 1.5조의 투자 유치와 0.9조원의 추정 기업가치 보유
Main Strategy	• 여신 Brokerage Model 　- 차용자로부터 2~5%, 대여자로부터 1%의 수수료 수취 • 기존 금융권에서 소외된 Start-up 등 소기업을 Target 　- 레스토랑, 약국 등 포함	• 자체 신용 평가 모델에 기반한 대출 서비스 제공 • 은행권 이용이 어려운 개인 고객을 Target 　- 2012년 SVC 개시 이후 약 30만 건의 대출 제공	• 은행 대비 낮은 이자율 제시 • 저금리 대출을 원하는 개인 고객 Target
Competitive Edge	• 신용평가 기능 제공 　- 플랫폼 자체적으로 차용자의 신용 정보 제공 • Auction 방식을 도입하여 대여자와 차용자의 만족도 높음 　- 대여자가 대여금 규모와 이율을 제시하고 차용자가 선정하는 형태	• 자동화된 Big Data 기반 신용평가 모델 개발 　- 은행거래 정보, e커머스 이용 정보, SNS 지인의 신용도 등 다양한 정보 활용 　- Self-learning 알고리즘을 도입하여 평가 정확도 지속 상승	• 대여자의 이익이 극대화되는 상품 제시 　- 자체 개발한 Big Data 기반 신용평가 모델로 우량 고객 선별 　- 신용평가의 자동화 → 평가 비용 효율화 → 저금리 제시의 선순환 구조 구축

출처: 각사 홈페이지

독일의 신용평가사 크레디테크(Kreditech)도 자체 신용평가 모델을 통해 은행 대출 이용이 어려운 고객을 타깃으로 여신을 제공한다. 크레디테크의 신용평가 모델은 빅데이터에 기반을 두고, 일반 신용 정보뿐 아니라 SNS 분석을 통한 셀프러닝(Self-learning) 알고리즘을 통해 지속적으로 고객에 대한 신용 평가의 정확성을 높여가는 특징을 가지고 있다.

미국 시카고 소재 P2P금융업체 아반트(Avant)는 빅데이터 기반 신용평가 모델로 기존 금융권에서 분석하지 않는 고객의 정보를 통해 새로운 고객을 발굴하고 신용 대출을 해준다. 이 회사는 2012년 설립한 이후 20만 고객을 확보하고 1조 5,000억 원의 투자를 유치하는 등 핀테크 여신 모델의 성공 사례를 제시하고 있다.

핀테크의 자산운용 서비스 모델

	Wealthfront	Robinhood	Motif Investing
As-Is Status	• 美 1위 온라인 자산운용사 • SVC 개시 4년 만에 관리자산 20억 달러 돌파 　- 기존 사업자인 찰스슈워브 대비 3배 빠른 속도	• 無수수료 온라인 주식 거래 플랫폼 • 2014년 Launching 후 빠른 성장 　- 2015년 현재 누적 거래액 5,000억 원	• Fund Portfolio 제공 SVC • 2010년 설립 이후 1.3 억 달러 투자 유치 • 현재 9,000개 이상의 Fund 생성
Main Strategy	• 알고리즘에 의한 Portfolio 설계 　- 안정적 수익률과 인건비 절감 가능 • 고수익 중산층과 저연령층 Target 　- 자산관리 Needs 높지만 수수료 부담으로 기존 SVC 활용도 낮음	• 대형거래가 불가능한 소액투자자 Target 　- 건당 7~10 달러 수준인 거래수수료가 부담스러운 젊은층 대상	• 소액투자자에게 다양한 투자 Idea/ 정보 제공 　- Video Fund (youtube, youku 등으로 구성), IPO Fund, Facebook Fund (Facebook 'Like'가 높은 기업) 등 다양한 Theme의 Fund 제시 　- 관련 기업정보 제공
Competitive Edge	• 낮은 Entry Barrier 　- 거래/ 계좌유지 수수료 무료 　- 최소투자금액 5,000 USD • 낮은 수수료 　- 10,000 USD 미만 투자 시 無수수료 　- 10,000 USD 이상 투자 시 0.25%	• 無수수료 　- 주식 거래에 소요되는 수수료 없음 　- 출시 예정인 프리미엄 서비스 고객 대상 3.5% 수수료 부과 계획 • 직관적 UI로 거래 편의성 제공	• 차별적이며 신뢰도 있는 투자 정보 제공 　- 150명 이상의 전문 분석가 보유 • 저렴한 수수료 　- 월 10달러의 수수료 (기존 플랫폼: 건당 7~10달러)

출처: 각사 홈페이지

핀테크 상품서비스의 영역은 지급 결제와 송금, 대출을 벗어나 최근에는 자산관리 영역으로 확장하고 있다.

웰스프론트(Wealthfront)는 자산운용 분야에서 챨스슈왑보다 3배 빠른 속도로 성장하고 있는 미국 1위의 온라인 자산운용사다. 매우 저렴한 수수료로 고수익 중산층과 저연령을 타깃으로 인공지능(AI) 기반 알고리즘으로 고객의 포트폴리오를 설계하고 운용한다.

핀테크 기업인 로빈후드(Robinhood)는 아예 운용수수료 없이 젊은 층 대상의 자산운용서비스를 제공한다. 2014년 설립됐지만, 2015년 누적거래액이 5천억 원에 이르고 있다.

글로벌 핀테크 산업의 트렌드 요약

2013년 설립된 투자신탁 스타트업 모티프인베스팅(Motif Investing)도 자산운용 분야에서 대표적인 핀테크 회사 중 하나다. 9,000개 이상의 펀드를 만들어 소액 투자자에게 다양한 투자 정보를 제공하며, 거래금액에 관계없이 수수료는 월 10달러 정도로 각광을 받고 있다.

　결론적으로 핀테크 산업은 영국과 미국, 중국을 중심으로 빠른 발전 속도를 보이고 있고, 이를 통해 기존 금융 생태계의 구조를 본질적으로 혁신시키고 있다고 말할 수 있다.

　핀테크 산업을 주도하고 있는 국가의 공통점은 규제 완화를 하고 있다는 것이다. 은산 분리, 산업자본의 금융지분 취득 등 굵직한 규제 외에도 핀테크 혁신 기술 발전을 방해할 수 있는 세세한 규제들도 적극적으로 완화하거나 철폐시키고 있다.

　또 핀테크 산업을 주도하는 국가들은 공통적으로 핀테크 산업을 신 성장동력으로 여기고 있다. 핀테크 산업을 낙후된 금융 산업을 혁신시키고, 새로운 가치를 창출할 수 있는 미래 동력으로 보고 있는 것이다. 이런 관점이 전제돼있기 때문에 기존 금융 산업의 반발이나 규제의 우려가 있어도 산업 활성화에 방점을 찍을 수 있다.

제3장

한국 핀테크 산업의 문제

1. 핀테크 기업의 해외 진출 장려
2. 추락하는 금융 산업 경쟁력

1 핀테크 기업의 해외 진출 장려

규제로 인해 국내 핀테크 산업의 활성화가 더뎌지자 정부는 핀테크 업체들에 해외 진출을 장려하고 있다. 정부 측 핀테크 관계자들은 국내에서 힘들면 해외로 진출해 '금의환향' 하라는 메시지를 전하고 있다. 일견 일리가 있는 말이다. 규제 완화만 한없이 기다리고, 핀테크 기술에 대해 그리 달갑지 않아하는 금융기득권 사이에서 고군분투하다가 사업을 접느니, 핀테크 미개발국이나 해외로 나가 최소한의 매출을 일으키는 것이 한국 핀테크 기업 입장에서는 합리적 결정이라는 주장이다.

한국 핀테크 기업 해외 진출에 대한 의견

출처: 뉴스원

다행히도 정부의 해외 진출 장려 정책은 소기의 성과가 있었다. 2016년 7월 영국 런던에서 열린 한국의 핀테크 설명회에서 금융플랫폼 개발업체 자영테크는 스탠다드차타드그룹으로부터 25만 달러 투자 유치에 성공했고, 보안 솔루션 개발업체인 에버스핀도 글로벌 IT기업인 오라클 영업망을 이용한 공동 마케팅 등 협약에 성공했다.

한국 핀테크의 해외진출

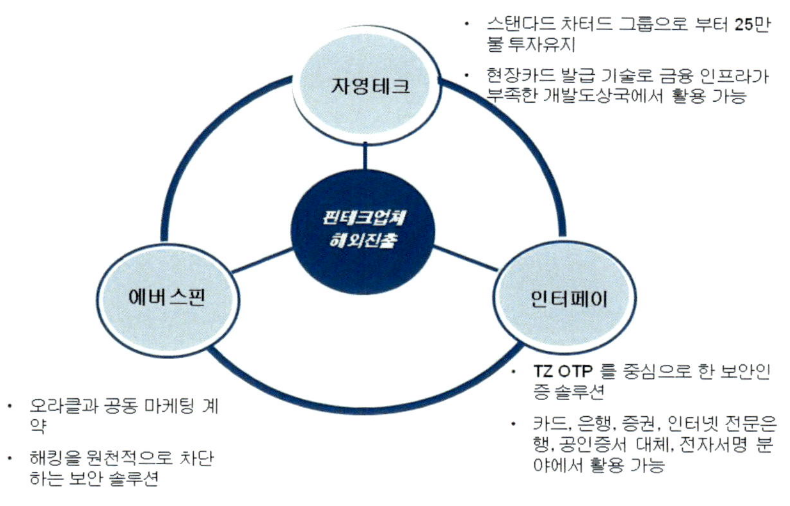

출처: 연합뉴스

물론 이러한 성과는 규모나 사례가 충분하지 않을 뿐 아니라 핀테크 솔루션을 통한 독창적 사업모델을 인정받았다고 보기 어렵다. 보안솔루션 등 기존 IT의 레거시(Legacy, 유산)에서 벗어나지 못한 채 단순한 공동 마케팅에 머물고 있는 수준이기 때문이다.

또한 해외 업체와의 공동 마케팅은 국내 기업의 혁신적 사업모델, 인프라와 기술 개발을 위한 투자가 아니기 때문에 본격적인 해외 진출로 보기엔 무리가 있다.

1) 쉽지 않은 핀테크 스타크업의 해외 진출

국내 핀테크 업체가 해외 진출을 꾀하기 어려운 배경에는 여러 이유가 있다. 우선 국내 핀테크 산업의 역량이 글로벌 수준에 비해 뒤쳐져 있는 상태다. 한국은 핀테크 강국도, 금융 강국도 아니다. 알려지지도 않고, 검증되지도 않은 한국의 핀테크 기술을 누가 선뜻 사겠다고 하겠는가?

둘째, 정부의 핀테크 기술 수출 지원이 이뤄진지 얼마 안 됐다는 점이다. 사실 해외 수출 장려 정책도 공식적인 정부의 핀테크 산업 육성 정책인지 확실하지 않다. 설령, 공식적인 정책이라고 하더라도 해외 진출의 어려움과 난관에 대해 충분한 조사를 한 뒤, 정책을 드라이브를 거는 것인지는 회의적이라는 평가도 나온다.

셋째, 정부의 규제와 은행권 내부의 협업 한계다. 국내 규제로 인해 검증받을 수 없는 기술을 해외에서 어떻게 설명할 수 있겠는가? 이에 대한 대안으로 해외 네트워크와 자본이 있는 국내 은행과의 공동 진출을 도모할 수 있겠지만 국내 은행도 난감한 상황이다. 해외 진출과 관련된 감독당국의 승인과정이 복잡하기 때문이다. 굳이 핀테크 업체의 해외 진출을 지원하기 위해 복잡한 승인 과정을 감내할 은행은 없을 것이라는 관측이다. 더구나 승인과정에 소요되는 시간이 길어 핀테크 기업의 기술이 적시성(Time to Market)을 놓칠 가능성이 농후하다.

- 국내에서 금융권 및 대기업을 상대로 한 특허권도 지켜주지 못하는데 해외에서 발생하는 특허 논란은 누가 지켜주고 지원할 것인가?
- 국내 규제 때문에 제대로 사업모델이 검증도 안됐는데 무작정 해외부터 나가란 말인가?
- 협소한 국내 시장에서 조차도 경쟁력이 부족한데, 경쟁이 치열한 해외에 나가면 경쟁력이 살아나나?
- 핀테크가 중요하고, 글로벌 트렌드라면서 국내 법규는 왜 빨리 풀리지 않는가?

이밖에도 언어적·문화적 차이, 레퍼런스(reference)의 한계 극복을 위한 장치가 미흡한 점도 해외 진출의 한계로 작용한다. 국내 은행원의 외국어 구사 능력이 어떤가? 은행업은 국제화가 가장 낮은 산업 중의 하나다. 현업에서 외국어가 거의 필요 없다 보니 은행원의 외국어 구사 능력에 대한 기대감은 높지 않다. 낯선 금융시스템과 규제를 이해하면서도 해외의 금융기관과 핀테크 기술을 능통하게 영업할 수 있는 핀테크 업체의 인력은 또 얼마나 있을까? 국내 영업이 너무 힘드니, 해외 영업을 해보라고 하는 식이다. 또한 해외 파트너로부터의 단골 질문인 '기술이 검증된 사이트 유무'에 대해 국내 핀테크 업체들은 말문이 막힐지도 모른다.

이러한 이유들로 핀테크 업체의 해외 진출은 활발하게 이뤄질 수 없는 구조일 뿐 아니라 앞으로도 괄목할 성과가 나올 수 있을지에 대해서도 회의적인 시각이 많다.

한국 핀테크의 해외진출 한계

규제에 의한 국내은행과의 해외진출 제약	• 은행법 상 국내은행이 해외에 지점이나 현지법인을 신설하기 위해서는 금융위에 특수한 경우 사전에 협의해야 하는데 국내은행이 '시장성'을 갖추고 있다고 평가하는 상당수 해외지역 은행들은 사전협의 대상에 포함되어 의사결정이 늦어져 **time to market**이 어려운 부분도 해외진출의 걸림돌 • 해외 사무소를 세우려면 사전 승인 과정을 거쳐야 하는 복잡함이 존재하고 법인을 세운다는 전제하에 2년까지만 허용하는데 이는 현지 분석 및 이에 맞는 전략/실행을 하는데 있어 지나치게 짧은 기간이어서 충분한 검토가 어려움 • 현지화 평가가 초국적화지수, 현지고객 비율 등 계량지표를 획일적으로 적용하여 핀테크의 혁신적 모델을 위한 협업이 사실상 어려움
언어적, 문화적 차이에 대한 지원 미흡	• 국내 스타트업의 규모 및 인력의 **qualification** 상 적극적 해외진출을 위한 언어적 한계를 극복할만한 **resource**를 보유하지 못함에 따라 해외 진출에 대해 꺼리는 부분이 있음 • 문화적으로도 서로 다른 부분에 대해 해외에서 스타트업을 지원할만한 정부 부처가 없음에 따라 해외 진출의 한계
은행권 자체의 핀테크 불확신	• 은행권 내부에서는 국내 핀테크 업체를 키우는 부분에 대해 기존 기득권을 빼앗길 수도 있다라는 측면에서 국내 및 해외 진출에 있어 협업을 형식적으로 하는 경우가 다반사 • 은행 특유의 느린 의사 결정은 비단 규제 뿐 아니라 조직 문화 자체에서 파생하는 부분도 있어 빠르게 변하는 핀테크 변화 **trend**에 적응하고 해외에서 경쟁력을 갖기에는 무리
Reference	• 해외 잠재 투자자의 첫번째 질문은 **proven technology**인가? 국내 시장에서 **working**한 경험이 있는가? 등인데 국내 **credential** 없이 해외 투자를 받아내는 건 무리

출처: 서울파이낸스

해외 핀테크 기업의 국내 진출 사례

핀테크 기업	제휴 금융회사	제휴 시기	서비스 내용
Paypal	하나은행	'13년 4월	한국인 대상 해외 소액송금서비스
Alibaba	이니시스 하나은행	'12년 1월 '14년 6월	한국 내 온·오프라인 가맹점에서 중국인의 위안화 직접결제서비스 제공
	롯데면세점 한국스마트 카드	'14년 4월 '14년 12월	중국 관광객들이 알리페이를 통해 엠패스 카드를 구매하여 교통 및 상품구매 결제카드로 사용
Tencent	다날 신세계면세 점 효성	'14년 4월 '14년 6월 '14년 12월	한국 내 온·오프라인 가맹점에서 중국인의 위안화 직접결제서비스 제공

이처럼 국내의 핀테크 산업이 규제에 발목이 묶이고, 해외 진출 성과도 부진한 가운데 해외 핀테크 업체의 국내 진출이 가시화되고 있다. 2012년부터 시작된 미국과 중국 핀테크 업체의 한국 진출은 중국 관광객의 증가와 맞물려 본격화됐고, 이제 한국에서의 입지를 다지고 있는 상황이다. 2012년부터 국내에 진출한 알리바바에 이어 텐센트도 면세점을 중심으로 2014년부터 진출해 서비스를 개시하고 있다.

해외 핀테크 공룡들이 가지고 있는 규모와 자금력, 영향력은 가히 위협적이다. 앞서 언급했듯, 알리바바가 앤트파이낸셜(Ant-Financial)에 투자한 규모만 4조 6,000억 원 이상이다. 자금력을 바탕으로 중국의 핀테크 거대 기업들은 영세한 국내 핀테크 업체들이 상상할 수도 없는 기술을 개발하고 있다. 빅데이터에 근거한 신용 분석과 금융서비스, 빠른 처리 속도, 글로벌 네트워크, 규모의 경제에서 나오는 가공할 수준의 저가 수수료 등을 무기로 규제와 기존 금융기관의 저항을 넘어서고 있다.

이들은 자국 시장에서 이미 이러한 경로를 통해 은행의 허가권을 취득했고, 은행보다 훨씬 높은 성과를 내면서 빠르게 성장하고 있다. 중국 금융권은 이들의 진입을 저지하기 위해 상당한 저항과 압력을 가했지만, 중국 정부는 지지부진했던 금융 산업의 혁신을 위해 산업자본의 금융 산업 진입을 허용한 것이다.

핀테크 거대 기업들의 자국 시장과 비교했을 때 한국의 핀테크와 금융 시장은 여러 차이가 있을 것이다. 하지만 금융 산업의 저지를 넘어섰던 해외 거대 핀테크 기업의 경험과 기술적 혁신은 국내 핀테크 시장과 금융 시장에 잠재적인 위협일 수밖에 없다.

핀테크 산업의 금융권에 대한 위협은 앞서 언급한 맥킨지의 글로벌 뱅킹 연차보고서(2015년 9월)를 통해서도 확인된다. 맥킨지는 앞으로 핀테크 기업과 전통적 은행 간의 경쟁 끝에 향후 10년 내에 핀테크 기업들의 전방위적 침투가 가시화되고, 2025년까지 소비자금융 분야의 은행 매출은 40%까지 감소할 것이라고 내다봤다. 이에 따라 순익도 60%가 감소할 가능성도 있다고 경고했다.

2) 국내 핀테크 기업에 대한 해외 진출 장려 정책의 타당성

현 상황을 되짚어보자. 첫째, 한국의 핀테크 산업은 지급결제 등 단순 핀테크 기술 수준에 머물러 있고, 기술이 있더라도 다양한 규제 상황에 묶여 경쟁력을 잃어가고 있다. 둘째, 규제 완화가 늦춰지면서 정부가 궁여지책으로 해외 진출을 장려하고 있지만, 국내 핀테크 업체의 현재의 역량과 기술로는 본격적인 해외 진출은 어려운 상황이다. 셋째, 기술력과 자본력, 글로벌 네트워크를 가진 해외 핀테크 업체들은 한국 시장 진출을 이미 본격화하고 있다. 넷째, 핀테크 산업 발전을 위협으로 보거나 ICT 산업자본의 진입을 최대한 저지하려는 한국 금융 산업의 경쟁력은 글로벌 하위권에 머물고 있어 핀테크에 대한 투자 여력에 큰 기대를 할 수 없다.

국내 핀테크 산업에 있어 가장 위협적인 가상 시나리오는 국내 금융 산업이 해외 핀테크 공룡들에 의해 침식되고, 국내 핀테크 산업은 고사된다는 설정이다. 정부가 국내법의 규제로 금융 산업을 최대한 방어를 하더라도 결국 글로벌 스탠다드를 따를 수밖에 없을 것이다. 글로벌 스탠다드에 따르지 않으면, 글로벌 금융 네트워크망에서 불이익을 보게 될 것이고, 피해는 금융권은 물론, 실물 경제에까지 고스란히 영향을 미칠 것이다.

그렇다면 핀테크 글로벌 스탠다드는 무엇이고, 누가 리드하고 있는가? 앞서 살펴봤던 핀테크 선도국인 영국과 미국, 유럽, 중국 등이다. 그들은 규제에 대해 어떤 생각을 가지고 있는가? 그것이 무엇이든 간에 한국의 핀테크 규제는 글로벌 스탠다드에 뒤쳐져 있기 때문에 핀테크 선도국의 규제에 대한 생각과는 반대편에 있을 것이다.

정부의 해외 진출 장려책은 얼마나 타당한가? 이는 익숙한 국내 시장 환경에서 자생력을 갖추지도 못한 돛단배를 태평양에 띄우고 성공해 돌아오라는 것과 같다. 이 같은 사례는 전 세계적으로 있지도 않을 뿐만 아니라 안방은 해외 핀테크에 내주고, 국내 업체는 나가서 잘해보라는 정책이 현실성과 타당성을 가질 수 있을지 의문이 든다.

그러면 대안은 무엇인가? 정부는 한국 핀테크 산업의 차선책으로 해외 진출 장려에 힘쓰기보다 각종 규제 폐지에 전력을 다해 국내 경쟁력을 강화하는 방향으로 정책 우선순위를 바꿔야 한다. 국내에서 레퍼런스(reference)를 만들고 자생력과 수익을 어느 정도 내야 5~7년을 앞선 해외 기업들과의 경쟁에서 성과를 낼 확률이 높아질 수 있다.

일본은 이미 2000년대에 규제를 완화해 인터넷전문은행을 허용한 뒤, 아무런 문제없이 지금까지 운영되고 있다. 하지만 한국에서는 지금까지도 인터넷전문은행 설립조차 어려운 실정이다. 이유가 무엇일까? 은산분리의 취지로 재벌의 사금고화 가능성을 우려하지만, 규제를 함으로써 잃을 기회비용이 우려하는 부분보다 훨씬 크다는 점을 심각히 고려해야 한다.

3) 국내 금융기관의 낮은 국제화 지수와 경쟁력

국내 은행들의 국제화 지수는 해외 여타 은행과는 비교가 안 될 정도로 낮다는 점을 고려해봤을 때 신생 핀테크 업체가 해외진출에 겪을 어려움은 더욱 확연해 보인다.

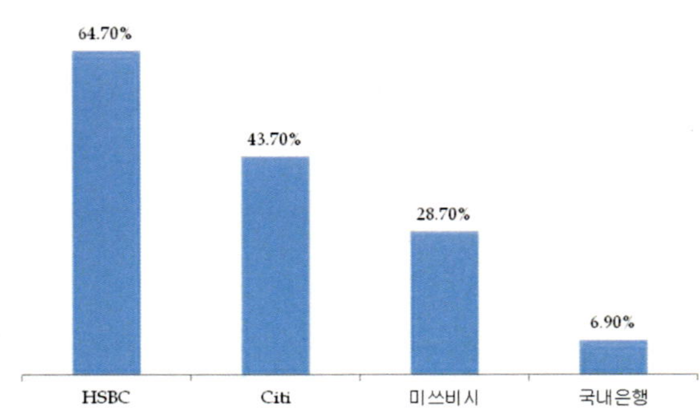

출처: 금융감독원(2016년 4월), UNCTAD(2013년) 자료 종합

국내 은행의 금융국제화지수[1]는 2015년 6.9%를 기록했다. 해외 주요은행인 HSBC(64.7%), 씨티은행(43.7%), 미쓰비시UFJ(28.7%) 등과 비교해 봤을 때 국내 은행의 글로벌 영업 비중은 매우 낮은 편이다.

국내 금융기관의 국제 경쟁력 평가

주요 평가 분야	순위	주요 평가 분야	순위
금융서비스 유용성	99	벤처캐피탈 유용성	86
금융서비스 가격적정성	89	은행건전성	113
지역 자본시장 자금 조달	47	증권거리새 규제	78
대출접근성	119	법적 권리 지표	63

출처: WEF(2015년)

---

1) 금융국제화지수(TNI): 금융사의 해외자산, 해외이익 및 해외인력 비율의 평균, 해외활동 비중 나타냄

국내 은행은 2015년 기준 1% 미만의 총자산이익률(ROA)을 보이고 있어 수익이나 비용 구조를 개혁해야 한다는 지적이 많다. 수익 다변화를 위해 고부가가치 상품과 서비스를 개발하고 판매해 예대마진 의존도를 줄여야 한다. 또한 시장을 다양화해 수익 포트폴리오를 넓혀야 한다. 경제 성장률과 수익성이 높은 동남아를 포함한 해외 진출이 매우 중요한 전략일 수 있다. 하지만 핀테크 기업들보다 자본과 신용, 네트워크 등의 측면에서 우월한 국내 은행들도 해외 진출에 취약한 상황에서 신생 핀테크 업체를 해외로 진출시키려는 정책은 타당할까?

2015년 세계경제포럼(WEF)에 따르면 한국 금융서비스의 글로벌 경쟁력은 2년 전보다 4계단 하락한 87위였다. 이 같은 결과가 나오는 배경은 국내 은행이 여전히 이자수익 중심의 사업구조에 머물고 있기 때문이다. 국내 은행의 이자 수익 비중은 2015년 86.7%로, 미국(60%), 일본(70%)과 글로벌 100대 은행(60.5%)에 비해 매우 높은 편이다.

문제는 저금리 기조가 지속되면서 높은 이자수익 의존도의 수익 구조를 가진 국내 은행에 치명적인 환경 요인이 되고 있다는 것이다. 저금리 기조로 이자마진이 감소되면서 국내 은행의 이자수익은 2011년 39조 1,000억 원에서 2015년 33조 5,000억 원으로 4년간 15%나 떨어졌다. 수익성 감소는 2013년 83위였던 글로벌 순위를 2015년 87위로 4계단이나 떨어뜨린 요인이 됐다.

이제 국내 금융권은 획기적인 사업모델을 통한 성장 없이는 퇴보될 수밖에 없다. 한국의 경제규모는 전 세계적으로 13위, ICT 인프라 1위, ICT 서비스 경쟁력 13위를 기록하고 있다. 이에 반해 '한국 경제의 혈관'으로 불리는 금융 산업은 80위권 밖으로 밀려나며 위기에 처해있다. 그렇다면 금융 산업은 어떤 해결방안을 갖고 있는가?

금융서비스 선진국인 영국과 미국 등은 핀테크 산업을 통해 차세대 금융 산업의 미래를 설계하고 있다. 기존 금융권의 수익과 비용구조, 프로세스 등을 혁신적으로 설계할 수 있는 핀테크 산업이야말로 금융권에 새로운 기회와 성장동력이 될 것이라고 믿기 때문이다. 하지만 한국 금융 산업은 핀테크를 어떻게 바라보고 있는가? 핀테크 선진국인 영국과 중국, 미국은 자국 내 핀테크 클러스터를 조성해 핀테크 업체의 성공모델을 구축하게 하고, 이를 기반으로 대내외 유수 투자자로부터 투자를 유치하며, 해외 시장 진출을 도모하는 방식의 정책적 우선순위를 선택했다.

이런 관점에서 국내 핀테크 산업의 역할은 국내 금융 산업을 혁신하는 데 우선점을 둬야 한다. 핀테크를 위한 규제를 완화한다는 논리보다 금융 산업의 혁신을 꾀한다는 논리로 규제 완화의 당위성을 찾아야 한다. 이런 맥락에서 국내 핀테크 업체들을 국내에서 양성하기 위한 어떠한 지원도 아끼지 말아야 한다. 이렇게 함으로써 해외 핀테크 업체와 경쟁하며 국내 금융 산업을 지키고, 혁신해 금융 산업의 경쟁력을 확보해야 한다.

 핀테크 혁신, 미래산업과 금융의 판을 바꾸다

영국	중국	미국
• 영국 내 테크시티에서 성장한 기업이 해외 업체에 인수되는 사례가 대부분 • **BeBo**(AOL이 8억 5천만달러에 인수) • **MessageLabs**(시만텍이 7억불에 인수) • 라스트 **FM**(미국 CBS가 2억8천만 달러에 인수) • 이외에도 다수의 영국업체가 인수되고 있음	• 알리바바는 자국에서 알리페이의 성공을 기반으로 한국으로 진출하고, 텐센트 의 인터넷전문은행 또한 자국내 사업에 몰입하고 있음 • **WSJ**는 "글로벌 기관투자가들이 중국 핀테크 기업에 막대한 투자를 하고 있다"고 말한 것처럼 자국 내 성공모델이 궁극적으로는 투자를 이끌어 낼 수 있음	• 뉴욕의 실리콘앨리 지역은 핀테크 요충지 • **Digital.NYC**에 따르면 현재 데이터베이스에 등록된 스타트업이 약 7,000여개, 200명의 투자자들, 그리고 8,500여개에 달하는 일자리가 실리콘앨리를 구성하듯 자국내에서 성공을 위한 노력을 지속하고 있음

출처: 동아일보(2014년), Digital.NYC(2015년)

2 추락하는 금융 산업 경쟁력

금융 산업은 핀테크 산업 발전의 토양을 제공해준다. 핀테크 산업이 발전한 국가들은 모두 금융 산업이 발전한 국가들이다. 한국 금융 산업의 경쟁력은 국내 핀테크 산업의 성장잠재력에 영향을 줄 것이다. 이 때문에 한국 금융 산업의 현재 상황을 자세히 살펴볼 필요가 있다.

앞서 언급된 2015년 세계경제포럼(WEF) 보고서나 세계적으로 저명한 금융전문지인 『더뱅커(The Banker)』에 따르면 한국의 금융경쟁력은 세계 80위권 밖으로 밀려나있다.

국내은행의 ROA 전세계 순위

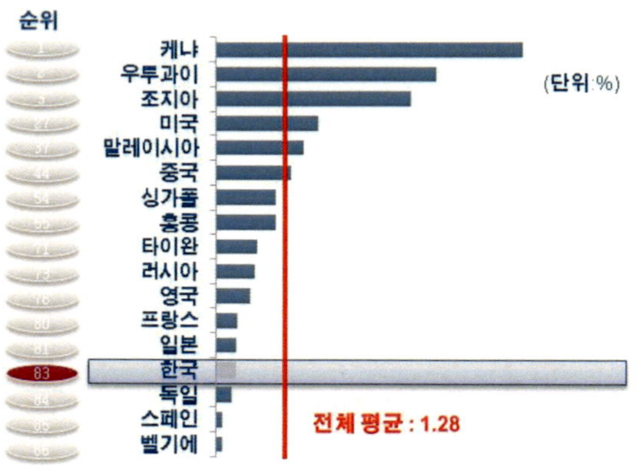

출처: The Banker(2014년)

지난 10년간 국내 은행의 총자산수익률(ROA)은 2005년 1.27%에서 2015년 0.16%로 하락하고 있다. 2015년 국내 4대 은행(국민, 신한, 우리, 하나)의 평균 ROA도 0.53%로, 글로벌 100대 은행 평균 ROA(0.8%)보다 경쟁력이 떨어지는 수준이다.

국내 은행 ROA, ROE 추이

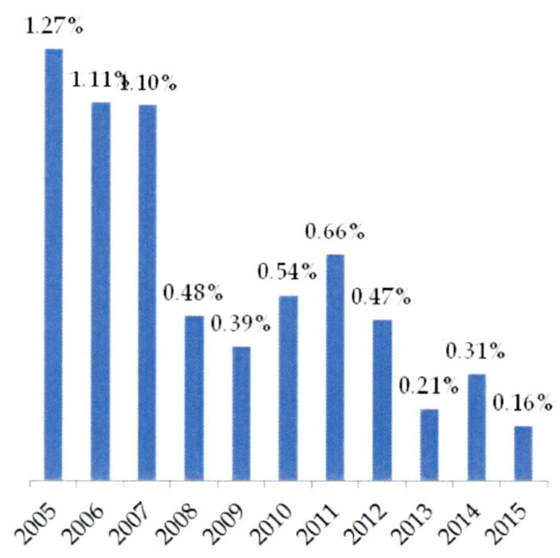

출처: The Banker(2015년)

국내 은행의 경쟁력이 약화된 배경에는 '규제'라는 기존 금융권의 보호 장벽 안에서 대출이자 중심의 수익 모델에 안주하며 사업영역을 다각화하려는 노력이 부족했기 때문이다. 또한 최근 23년간 은행 신규 인가나 퇴출 등 경쟁 환경이 거의 변화하지 않아 국내 시장에서의 출혈 경쟁이나 나눠 먹기식의 경쟁에 몰입했던 것도 한몫했다.

그 결과, 자기자본순익률(ROE)도 2005년 18.42%에서 2015년 2.14%로 크게 감소했다(국내 은행 ROE 추이). 뿐만 아니라 국내 은행의 순수익 역시 2005년 13조 4,000억 원에서 2015년 3조 5,000억 원으로 감소했다.

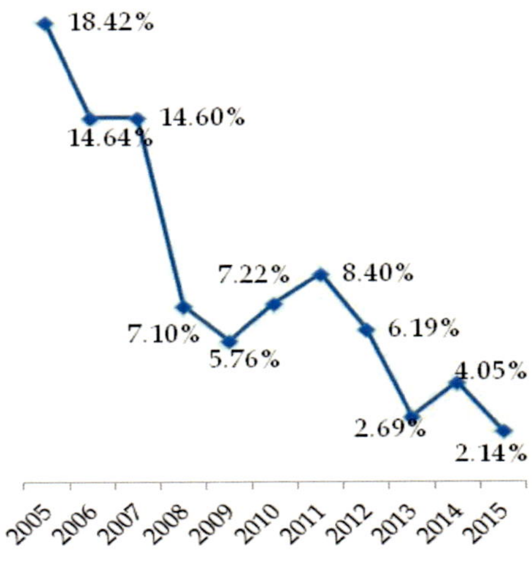

출처: The Banker(2015년)

이러한 한국의 은행들의 성과를 세계 100대 은행과 미국 웰스파고의 ROA
와 비교해 보면 국내 은행의 경쟁력이 어느 정도인지 여실히 알 수 있다.

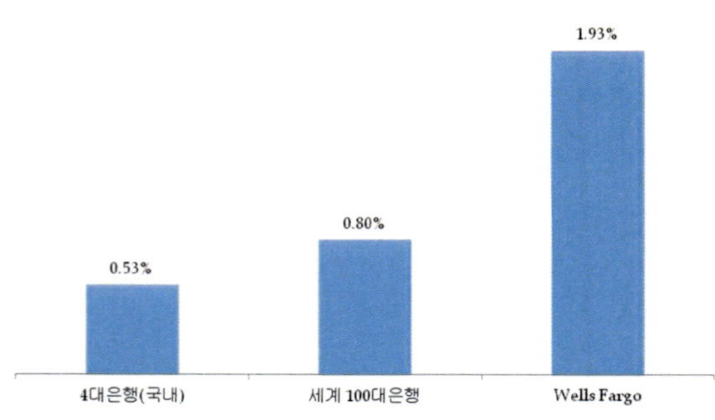

이런 초라한 결과의 주원인은 국내 은행의 고비용 구조와 빈약한 수익 구조 때문이다. 우선 영업이익 대비 판매관리비의 비중을 나타내는 이익경비율(CIR)이 국내 4대 은행(국민, 신한, 우리, 하나)의 경우 54.6%로, 인건비와 사업구조가 비슷한 오세아니아 주요 은행의 평균 CIR(40.4%)과 비교해 상당히 높은 편이다.

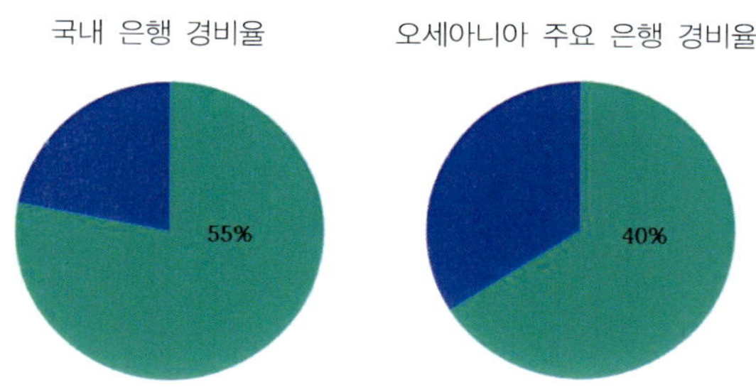

국내 은행과 해외 은행의 경비율 비교

출처: 한국금융연구원, Bankscope, Banker

이러한 결과는 국내 은행의 높은 점포 운영비용이 한몫한다. 즉, 직원 10명이 근무하는 수도권 지역 은행 지점 1곳을 운영하는 데 들어가는 임대료와 인건비 등은 평균 20억 원 정도다. 지방 중소도시 지점이라고 하더라도 평균 16억 원이 소요된다(조선일보, 2013년). 결국 앞으로 지점 수 감축과 지점을 포함한 채널 운영의 효율화는 은행의 커다란 과제가 될 것이다.

이러한 은행의 높은 경비율은 수익에 상관없이 은행 경쟁력과 성과를 높이는 데 큰 부담이 된다. 영미권 은행이 높은 IT투자와 은행세(tax)에도 국내 은행보다 경비율이 낮은 수준으로 유지될 수 있는 이유 중 하나는 성과연봉제를 통해 인건비를 유연하게 관리할 수 있는 체계가 마련돼 있기 때문이다.

국내 은행들도 금융 경쟁력이 지속적으로 하락하는 것을 개선할 필요가 있다고 느끼며, 정부 정책에 발맞춰 성과연봉제를 도입하고자 노력하고 있다.

성과연봉제 도입과 은행의 파업

그러나 대부분의 은행 노조는 성과연봉제를 반대하는 파업을 벌였다. 하지만 노조의 파업은 글로벌 경쟁에 뒤쳐진 은행의 현실보다 자신들의 이해득실 계산에 분주한 것으로 비춰지며 국민들의 공감대를 얻지 못하고 있다.

결국 지점 축소, 인원 감축, 성과연봉제를 둘러싼 노사갈등의 문제가 해결되지 않는 한 국내 은행의 경비율이 해외 은행 수준까지 내려가기 어려울 것이다.

반면 국내 은행의 수익 구조는 어떠한가? 앞서 언급한대로 국내 은행 수익 구조는 여전히 이자수익 의존도가 높은 단순한 사업모델에 머물고 있다.

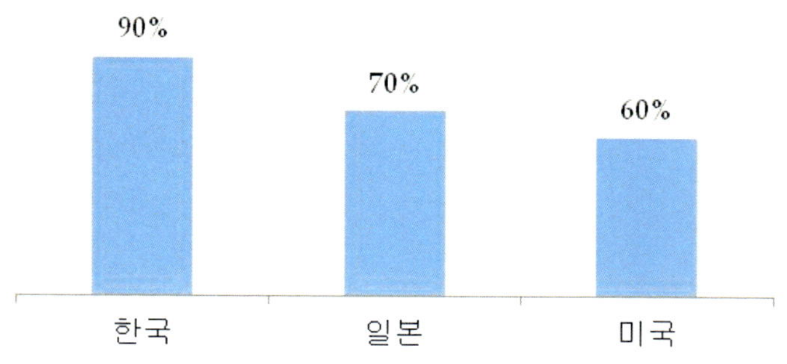

출처: 금융연구원

국내 은행들이 예대마진 위주의 단순한 수익구조에 머무는 이유는 무엇인가? 국내 은행들이 고부가가치 서비스를 개발한 데 따른 고수익 수수료 비중이 낮은 것은 무엇 때문인가?

우선, 규제에 의한 보호막이 가지는 양면성 때문이다. 즉, 규제는 신규 경쟁을 강력히 제한하는 동시에 새로운 상품이나 금융서비스 출시를 까다롭게 한다. 이 때문에 모든 은행들은 규제에 맞춰진 차별성 없는 유사 상품을 출시하고 있는 것이다.

규제에 의한 가격 통제도 강력하다. 이는 차별화된 고품질 금융서비스에 걸맞은 가격 경쟁보다는 천편일률적인 상품군으로 저가 경쟁에만 몰두하게 만든다.

이처럼 규제 환경 속에 장기간 노출된 은행들은 규제와 충돌할 수 있는 새로운 사업모델을 창출하기 위한 노력보다는 관행에 갇혀버린다. 규제당국과의 관계 개선에 노력하는 것이 경영에 더욱 효과적이라는 사실을 깨닫게 되는 것이다. 이로 인해 결국 관치 금융, 낙하산 인사가 만연해져 금융권 성장의 발목을 붙잡게 되는 악순환이 반복되는 것이다.

1) 관치 금융과 낙하산 인사

한국 금융 산업은 끊임없는 낙하산 인사로 후진하고 있다. 전문성이 결여된 낙하산 인사는 금융사 본연의 역할은 뒷전인 채 외부 민원 창구로 전락할 수 있다. 여기다 핀테크와 같은 혁신적인 서비스를 제공하는데 주축이 돼야할 금융권의 요직마저도 낙하산 인사로 채워지게 되면 핀테크 산업의 앞날은 매우 불투명해질 뿐 아니라 한국 금융업 자체의 발전도 크게 저해할 것이다. 세계 100위권 밖으로 밀려나는 것도 시간문제일 수 있다.

이 때문에 낙하산 방지법과 같이 강제적인 견제장치를 제도화해야 한다는 목소리가 커지고 있다. 더불어민주당 박용진 의원은 금융회사 임원의 자격요건에 2년 이상의 금융회사 근무경력 또는 금융 관련 분야 교수, 변호사 또는 공인회계사, 금융 관련 공공기관 경력 등 전문성 요건을 추가하는 것을 골자로 한 '금융회사의 지배구조에 관한 법률' 개정안을 발의했다. 이제 낙하산 인사를 차단하기 위한 논의가 시작됐다고 볼 수 있지만 일련의 자정노력이 제대로 작동할지는 좀 더 지켜볼 일이다.

국회 정무위원회 소속 채이배 의원(국민의당)에 따르면 국내 금융공공기관과 공공기관 지분보유 금융회사 27곳의 현직임원 255명 가운데 97명이 관피아(관료+마피아)나 정피아(정치+마피아) 출신이었다. 이들 기관의 전체 임원 가운데 38%가 이른바 '낙하산' 인사로 채워졌다는 분석이다.

금융공공기관의 전체 임원 255명 중 17%에 해당하는 44명이 정부 관료 출신인 소위 '관피아(모피아)'다. 또 정권과 관련된 인사, 즉 '정피아'는 53명으로 전체 임원의 21%에 달했다.

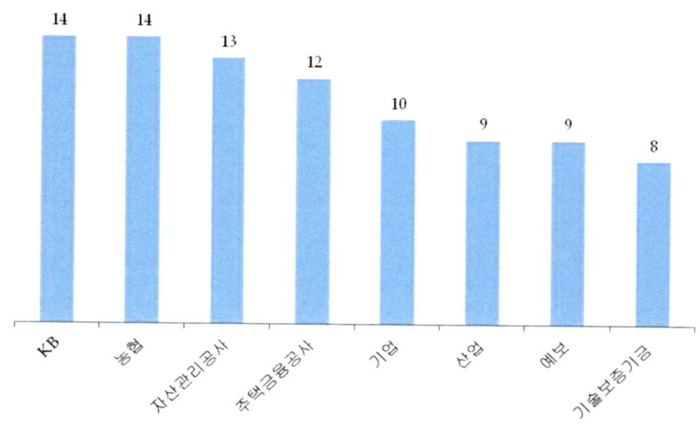

출처: 코리아타임즈, 글로벌 이코노믹(단위: 명)

27개 금융기관 중 임원 대비 낙하산 인사 비중이 50% 이상인 기관은 9곳인 것으로 나타났다. 특히 9곳 중 5곳이 기업은행과 이 은행 계열 금융회사다. 관피아 비중 순으로 상위 10위까지에 해당하는 11곳 중 4곳이 기업은행과 기업은행 계열 금융기관이었고 3곳은 예금보험공사와 예금보험공사가 지분을 갖고 있는 금융기관으로 집계됐다.

신용보증기금의 경우 임원 14명 가운데 64%인 9명이 낙하산 인사로 분류됐다. 신용정보기금의 낙하산 인사 9명 중 7명이 정피아였다. 예금보험공사의 경우 예보와 예보 출자 금융기관의 관피아는 모두 12명이다. 사장을 비롯해 관피아 중 67%에 해당하는 8명이 기획재정부 출신이었다.

2012년 이후 낙하산 인사가 가장 많았던 국내 은행은 국민은행과 농협이었다. 이밖에도 금융 관련 공공기관에도 관피아를 포함한 상당수의 낙하산 인원이 재직하고 있다. 앞으로 은행과 규제감독기관간의 유착과 관치금융의 악순환이 반복될 개연성이 높다.

문제는 낙하산 인사는 금융권에 그치지 않고, 대우조선해양과 같은 제조업체에까지 영향을 미치고 있다. 이는 국가 경제 발전을 저해하는 심각한 요인으로 작용하고 있다.

2008년 3월 이후 임명된 대우조선해양의 낙하산 사외이사 구성

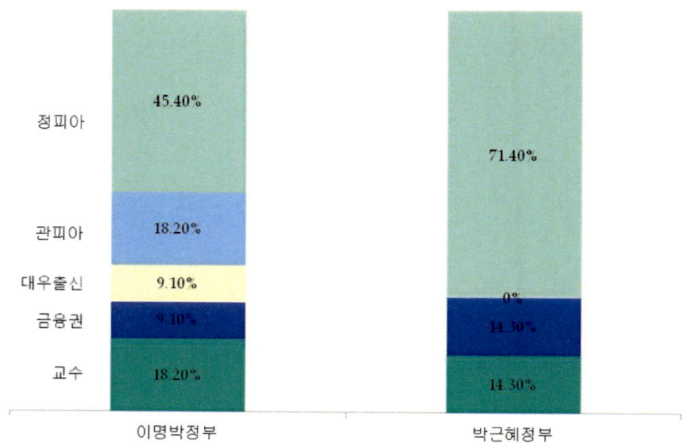

출처: 오마이뉴스

김기식 전 더불어민주당 의원이 2015년 발표한 자료에 따르면 이명박 정부에서 대우조선해양 사외이사로 임명된 인원은 11명이었다. 이 가운데 5명은 정권 관련 인사, 2명은 고위 공무원 출신이었다. 또한 박근혜 정부 출범 이후 대우조선해양에 임명된 사외이사 7명 중 5명은 모두 현 정권 관련 인사였다.

낙하산 인사의 부작용은 2015년 분식회계와 경영진 비리로 수조 원대 손실을 낸 대우조선해양 사태에서 찾아볼 수 있다. 비전문적 사외이사들이 경영진을 제대로 견제하지 못한 것도 사태의 원인으로 작용했다.

우수한 공무원이 일반 기업으로 이직해 해당 기업이나 산업 발전에 기여하는 것이 반드시 나쁘다고만 볼 수 없다. 또한 낙하산 인사의 모두가 이런 면에서 실패했다고 보기 어렵다. 다만 기업에서 기대하는 낙하산 인사의 역할은 대부분 대관업무 영역이다. 이로 인해 전관예우의 폐단이 시작되고, 퇴직 인사는 후배 공무원에 대한 압력과 청탁을 하게 되면서 비즈니스의 투명성이 떨어지게 된다.

런던비즈니스스쿨(LBS) 논문에 따르면 한국은 관피아와 정피아 등 정경유착에 의해 약 0.21~0.32%의 국내총생산(GDP) 손실을 입었다. 이는 2008년 한 해에만 2조 원의 손실을 기록한 것으로 추정된다. 부끄러운 현실이다.

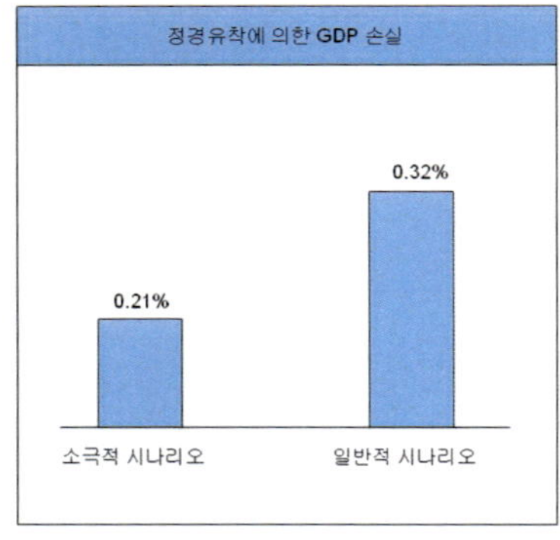

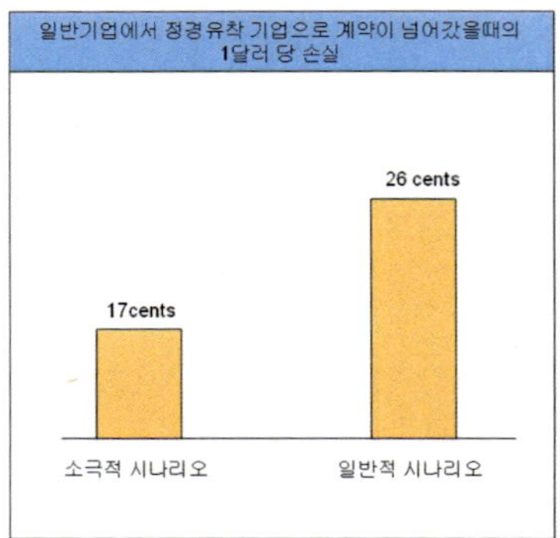

출처: 런던비즈니스스쿨, 중앙일보(2016년)

이런 점에 비춰봤을 때 <더뱅커>가 2015년 발표한 세계은행 순위에 한국의 은행은 50위권에 단 1개의 은행도 포함되지 못한 것은 놀라운 일도 아니다.

국내 은행의 세계 은행 순위

은행명	순위
한국산업은행	62위
KB	65위
신한	69위
하나	82위
우리	91위
농협	97위

출처: The Banker(2015년)

금융 경쟁력 하락보다도 더 심각한 문제는 핀테크와 같은 혁신을 통한 금융 경쟁력 강화의 기회마저도 금융 산업과 규제당국, 국회의 손에 좌지우지되고 있다는 사실이다.

사실 관치의 영향을 막을 수 있는 마지막 보루는 지배구조의 투명성을 확보하고, 이사회를 운영하는 것이다. 하지만 불행히도 지배구조 문제는 국내 은행이 해결해야할 또 다른 숙제다.

6대 시중은행 중 우리은행을 제외한 5개 은행의 평균 외국자본의 지분율은 70%에 육박하고 있다. 국민, 신한, 하나은행의 외국인 지분율은 67%로, 이미 외국 자본에 의해 운영되고 있다고 해도 과언이 아니다.

문제는 외국인 주주에 대한 배당성향을 보면 외국자본의 관심은 은행 건전성을 높이는 것보다는 수익 회수에 초점을 맞추고 있는 것으로 보인다. 국내은행의 순이익은 2015년 3조 5,000억 원으로 집계됐다. 2014년 6조 원을 기록했던 것과 비교해 42.6%가 감소했고, 2011년 11조 8,000억 원을 기록한 것과 비교해서는 70%가 감소했다. 하지만 국내 은행들은 2015년 수익성 악화에도 약 9,000억 원을 외국인 주주에 배당으로 지급했다. 역대 최대 수준의 배당액이었다.

은행	외국인 지분율	'15년 외국인 배당액
국민은행	68.3%	2,585억원
신한은행	66.2%	3,732억원
우리은행	23.8%	343억원
하나은행	64.9%	959억원
SC제일	100%	무배당
한국시티	99.9%	1,161억원
합계	70.5%	8,780억원

출처: 각 은행 공개자료 합산(2016년 4월)

이처럼 국내 주요 은행에 외국자본이 유입되면서 국내 은행들의 핀테크 등 신규 투자에 대한 결정과 제약은 더욱 커졌다. 결국 배당을 통한 국부 유출의 가능성은 높아지는 상황이 된 것이다.

2) 한국 금융의 암울한 미래

국내 금융업이 현 상황을 돌파하기 위해 선택할 수 있는 전략적 대안은 그리 많지 않다. 비용을 획기적으로 줄이면서 비이자 수익을 올리고, 고객의 교차 판매율을 높이며, 글로벌 시장에 막대한 비용 없이 진출할 수 있는 유일한 대안은 지금으로서는 핀테크 기술밖에는 없다.

금융 산업의 대변혁(Transformation)이 없다면 가까운 미래에 ROA가 마이너스로 전환할 가능성도 배제하기 어렵다. 이는 곧 대규모 인력 구조조정과 지점 폐쇄 등의 강도 높은 조치로 연결될 것이고, 대안을 준비하지 못한 금융 산업의 경쟁력은 더욱 하락할 것이다. 결국 사업 확장보다 예대마진 등 저위험 사업에 의존도를 높여가며 최대한 연명을 기도하겠지만

이는 또 다른 악수가 될 것이다.

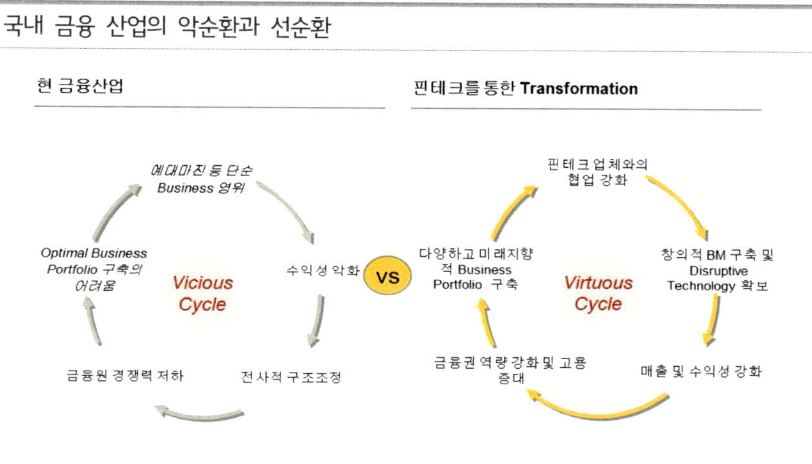

금융 산업 경쟁력 저하의 악순환은 핀테크와 같은 혁신 기술과 사업을 성장동력으로 받아들이면서 중단될 수 있다. 즉, 핀테크 혁신 기술을 통해 프로세스 비용, 지점 비용, 인건비를 감소시키고, 새로운 고객을 유입하고, 고객의 니즈에 맞는 맞춤 신상품을 개발해 매출을 올릴 수 있다. 이런 과정을 통해 가까운 미래에 1%에 가까운 ROA를 달성하고, 수익성 향상을 통한 경쟁력을 견인할 수 있을 것이다. 이로 인해 핀테크에 대한 투자를 늘릴 수 있을 것이며, 더욱 창의적 사업모델이 창출되면 세계 5대 은행의 평균 ROA인 2%까지도 기대할 수 있는 선순환의 고리에 들어갈 수 있게 될 것이다.

금융업을 잘 아는 금융기관 주도의 인터넷전문은행과 모바일 등 혁신기술에 익숙한 ICT기업이 주도하는 인터넷전문은행 운영은 각각 장단점이 있다. 국내 금융 산업은 하락하는 경쟁력과 제한된 투자재원, 그리고 미흡한 혁신문화에 도전해야 한다. 반면, ICT 산업은 규제 이해와 금융 리스크 관리 등 신산업 진입에 따른 리스크를 극복해야 한다.
해외 사례는 핀테크 산업에 있어 ICT 산업의 저력과 우위를 증명하고 있다. ICT기업의 혁신 기술과 문화의 영향도 있지만 그 동안 누적된 금융 산업의 비효율이 가장 큰 폐인이다.

1. 금융 산업 주도 인터넷전문은행의 성과창출 한계

1) 기존 상품과의 충돌
- 인터넷전문은행의 상품과 서비스는 효율성과 창의성을 바탕으로 출발하기 때문에 가격적인 우위가 전제됨
- 유사 금융서비스 상품의 가격 경쟁력은 기존 금융상품의 가치제안과 충돌
- 이러한 충돌이 발생되는 경우 인터넷전문은행 대주주(금융지주)의 입장에 영향 받을 확률이 큼. 즉, 과감한 상품 가격 정책에 장애

2) 고비용 구조 탈피 못하는 상품가격
- 금융지주의 고비용·저효율 구조시스템(채널, 레가시 등)을 그대로 가져가는 구조
- 인터넷전문은행 특징을 살리지 못할 확률이 큼(반짝 특가 상품이 나올 수 있지만 결국 장기적으로 비중이 높은 금융지주 구조를 따라가게 됨)
- 인터넷뱅킹 도입으로 지점의 약 2%, ATM 도입으로 지점의 약 20% 비용으로 채널 혁신과 비용 절감이 이뤄질 수 있었음에도 현재 은행의 상황이 어려운 것은 이러한 효율적 채널의 도입을 고비용 채널의 비효율을 떠받치는 수단으로 활용했기 때문

3) 기업 내 문화적 차이 극복 어려움
- 인터넷전문은행은 전략과 조직, 보상, 채널, 상품, 고객, 시스템, 기업 문화가 기존의 은행과 판이하게 다름
- 기존 은행을 부정하는 데서 출발하기 때문임
- 이러한 기업문화적 차이는 장기적으로 금융지주의 부담이 될 것임
- 인터넷전문은행의 기업문화를 전통적 금융 산업의 문화로 바꾸게 되면 혁신은 기대하기 어렵고 따라서 인터넷전문은행 존재의 이유 상실

4) 새로운 고객 유치에 한계
- 신규고객 유치와 판매는 통상 기존 고객을 통한 판매비용의 4배

- 금융 산업 주도의 인터넷전문은행 고객은 결국 기존 금융 고객의 풀 안에서 유치될 확률이 높음
- 그나마 기존 금융 고객도 기존의 채널(지점 등)을 통한 기존고객 유치보다(고마진 고객을 저마진으로 전환 시킬 동인 낮음), 타 금융 기관의 고객이 될 확률이 큼(경쟁사의 고객을 인터넷전문은행을 통한 저마진 상품으로 유인하여 기존 금융 지주의 고마진 상품 구매 고객으로 바꿀 확률)
- 금융권외의 신규 고객 유치는 고비용 유치 구조로 금융 산업 주도로 지속적 추진이 어려운 구조(이미 금융권 고객수의 2~3배 이상을 가지고 출발하는 ICT기업과 차별점)

5) 인터넷전문은행 사례
- 1990년대 중반 미국의 인터넷전문은행 30여개 중 약 20개 은행 실패
- 실패의 주요 원인은 기존 은행과 차별성 없는 운영
- 신규 고객 기반 확보 미흡
- 모기업과의 시너지 창출과 활용 미흡

6) 향후 은행의 수익 변화 예상
- 고객 접점 변화(비대면, 24시간 365일 운영), 개인 친화적 서비스 요구 등의 변화로 기존 금융기관으로부터 이탈 현상 예상
- 금융기관의 대대적 변혁(지점 축소, 빅데이터 활용, 상품 특성 변경)없이 이러한 환경변화 대응 어려움
- 이러한 이유로 향후 2025년까지 소비자 금융 분야의 은행 매출 40%, 이익 60% 감소 예상(맥킨지, 2015년)
- 이는 또한 기존의 은행업과 핀테크가 시너지보다 상치되는 포지션에 있음을 시사하는 것임

2. ICT기업 주도 인터넷전문은행이 유리한 이유

1) 고객
- ICT기업의 고객 수는 국내 기준으로 3천만~4천만 명, 해외 포함하면 3억~4억 명(페이스북 10억 명의 회원 데이터, 카카오 1억 5천만 명의 가입자 데이터)
- 고객의 접점과 빈도수는 금융기관 고객과 비교가 안 될 정도(카카오 일평균 이용자 2천 7백만 명, 일평균 메시지 전송건수 60억 건)
- 고객 관련 데이터 실시간 누적과 분석 가능해 빅데이터 분석 조건 월등(구글 6억 2천만 명의 방문자 데이터, 10억 건의 생활정보 검색데이터 보유)
- 매우 높은 고객의 충성도(통신사의 과점상태 지속으로 충성도 정착화)
- 상품과 서비스에 대한 고객의 신속한 반응과 대응 가능

2) 채널
- 지점 등 고비용 채널 없음
- 모바일 위주의 채널로 시작부터 효율적 구조 가능
- ICT기업의 찾아가는 영업 문화 VS 금융권의 기다리는 영업 문화

3) 혁신성
- 모바일을 통한 상품 개발에 익숙
- 상품의 종류와 개발 빈도수 비교를 통해 ICT기업의 상대적 상품 혁신성 우위 추정 가능

4) 보안
- ICT의 보안기술(홍채, 지문, 음성 인식) 활용해 최고 수준의 보안 유지
- ICT의 보안 기술이 기존 금융권의 보안 기술을 상회할 수 있는 것은 결국 ICT회사가 기존 금융 기관의 보안 체계를 만들어 준 주체이기 때문
- 또한 ICT기업은 이미 온라인 서비스의 24시간 무중단 운영과 보안의 노하우를 보유하고 있음

5) 기업문화
- 기본적으로 보수적 금융권과 대비되는 ICT기업 문화
- 인터넷전문은행의 핵심은 혁신성, 혁신성과 상반되는 보수성
- 상품 개발, 의사 결정, 새로운 트랜드 수용과 반영 측면에서 ICT기업 문화와 혁신적 인터넷전문은행의 기업문화는 시너지가 매우 높음

6) 성공 사례
- 소니은행: 전자업체인 소니의 브랜드와 상품, 스미토모미쓰이은행과 JP모건의 금융업 노하우가 결합해 인터넷전문은행 설립 뒤 개인 대상 소매 금융과 자산운용. 소니 제품 구매 등 서비스 제공
- 지분(Jibun)은행: 2위 통신사 KDDI(50%)와 일본 MUFG(50%)가 공동으로 모바일 중심 은행 설립 후 20~30대 중심 특화 서비스 제공, 은행의 모든 환경(ATM, 송금 등)을 스마트폰을 통해 제공
- 위뱅크(Webank): 중국 최대 SNS기업인 텐센트 온라인 메신저 위쳇 가입자를 분석하여 개인 및 중소기업 대상 중금리 대출 서비스 제공
- 마이뱅크(Mybank): 중국 최대 인터넷 기업인 알리바바가 전자상거래 정보 분석해 개인과 중소기업 대상 최대 9억 원까지 대출, 자산관리 등 서비스 제공

제4장

한국 핀테크 산업의 비전과 핵심 과제

1. 한국 핀테크 산업의 글로벌 포지셔닝과 비전
2. 정부 규제의 선진화
3. 지원프로그램 개발
4. 핀테크 산업자본 조성
5. 핀테크 인력 수급 지원
6. 핀테크 인력 육성 방안
7. 핀테크 소비자(B2C) 시장 기회 창출
8. 핀테크 중소상공인(B2B) 시장 기회 창출

1 한국 핀테크 산업의 글로벌 포지셔닝과 비전

핀테크 산업은 이미 거스를 수 없는 금융의 글로벌 트렌드가 됐다. 전 세계는 이 트렌드를 금융 산업 혁신의 계기로 삼고, 글로벌 핀테크 산업을 주도하고자 경쟁하고 있다.

글로벌 핀테크 기업들이 치열한 경쟁을 벌이고 있는 가운데 앞으로 핀테크 순위에서의 변동도 불가피한 상황이다. 특히, 2020년까지 중국의 위상은 급성장할 것으로 예상된다. 이에 따라 핀테크 시장을 선점하기 위한 각국의 각축전은 더욱 심화될 전망이다.

그렇다면 핀테크 열강의 경쟁무대에서 한국 핀테크 산업은 어떤 포지셔닝 전략을 취해야 할까? 한국은 지금부터 무엇을 해야 하는가?

국가별 핀테크 향후 시나리오와 한국의 포지셔닝

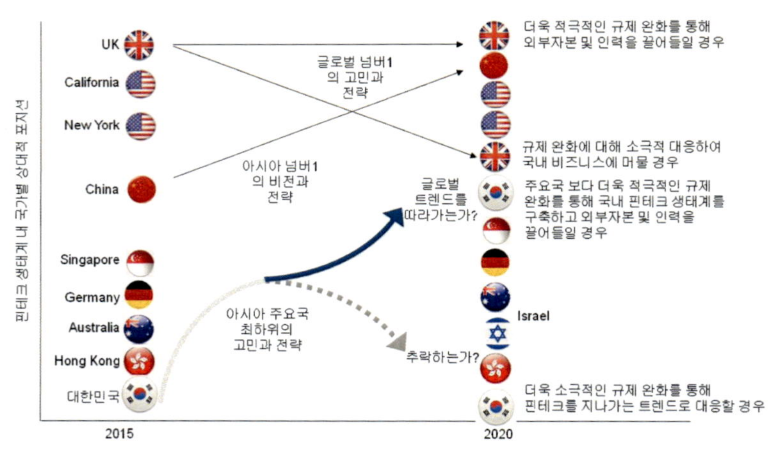

한국 핀테크 산업의 비전과 지향점을 수립하기 위해서는 글로벌 트렌드, 국내의 ICT와 금융의 경쟁력, 인력 수준 등을 검토해야 한다. 하지만 그보다 앞서 고려해야할 것은 핀테크 규제 개혁에 선도적인 포지션을 견인하는 국가들이 어떤 비전을 갖고 있는가를 검토하는 것이다.

전 세계 최고의 핀테크 허브로 평가받는 영국과 핀테크 산업의 초고속 성장을 이루고 있는 중국의 비전을 보면, 두 나라 정부 모두 확실한 목표를 갖고 있음을 알 수 있다. 자국과 해외 핀테크 종사자들이 혁신적인 비즈니스 모델로 지속 가능한 경영을 할 수 있는 환경을 만들어주겠다는 계획이다.

영국과 중국의 핀테크 비전

- 창의적인 핀테크 사업을 시작하고, 성장하며, 유지하기에 최적의 장소가 될 것이며, 지적역량, 투자, 인프라를 제공하고, 글로벌 thought leadership을 이끌어 나갈 것임. 지속적인 핀테크 비즈니스를 이끌어가기 위해 혁신과 위험의 균형을 유지할 수 있도록 할 것임

- 중국 내부와 세계적으로 중국 핀테크 생태계에 종사하는 모든 플레이어를 위해 유지 가능한 가치를 창출함과 동시에 핀테크 혁신을 가능하도록 모든 노력을 기울일 것임. 누구나 중국 핀테크 생태계에서 활동할 수 있게끔 할 것이며, 핀테크 기업의 성장을 위한 **gateway**가 될 것임. 중국 내의 금융권과 핀테크 종사자들이 비전을 가지고 가치를 창출 할 수 있도록 모든 디지털 변화를 아우를 수 있는 모든 지원을 할 것임

출처: UK Government office for Science, ChinaFintech.com

특히, 영국의 경우, 확실한 비전을 갖고 핀테크 산업 육성을 위한 4가지 핵심 인프라를 구축하기 위해 힘쓰고 있다. 4가지 핵심 인프라는 규제 철폐와 자본 조성, 역량 강화, 그리고 시장 형성을 의미한다.

중국도 공격적으로 전 세계 핀테크 기업의 성장을 위한 게이트웨이(gateway)가 되겠다는 목표를 갖고 있다. 핀테크를 금융 디지털화와 기존 금융 산업의 혁신 수단으로 삼겠다는 의지다.

우리는 영국이나 중국의 비전과 전략을 모델로 삼아 핵심 전략 과제를 도출하는 방식의 '표방 전략(Me-Too strategy)'을 통해 비전을 수립해야 한다. 이는 후발 주자의 이점이기도 하다. 선도국의 비전을 벤치마킹해 한국이 적절히 갖추지 못한 핀테크 비전을 수립하고, 흩어져 있는 핀테크 육성 정책을 재정렬해보자.

대한민국의 핀테크 산업 비전에 포함돼야 할 주요 요소는 정부의 규제 완화에 대한 의지와 방향, 산업 인프라 조성, 산학연의 협업과 종합적 지원, 그리고 향후 핀테크 산업의 글로벌 지향점 등이다.

이런 요소들을 모아 1차적으로 수립될 수 있는 한국의 핀테크 비전은 '국내와 해외 핀테크 업체가 혁신적인 비즈니스 모델을 자유롭게 구현할 수 있도록 규제 철폐, 투자 활성화와 인프라를 제공하고, 지속가능 경영이 이뤄지도록 정부와 민간 차원에서의 적극적인 지원 노력을 아끼지 않아 2020년까지 아시아에서 가장 혁신적인 핀테크 허브가 되도록 하는 것'이다. 물론, 이러한 내용의 비전은 정부, 협회, 업체 간의 협의를 통해 좀 더 다듬어져야 할 필요가 있을 것이다.

이러한 대한민국 핀테크 비전 아래 핵심 전략 과제 4가지 항목은 영국의 비전 구조를 활용해 정한다. 즉, 정책과 핀테크 산업을 위한 자본 조성, 핀테크 인력 역량 육성, 그리고 시장과 수요 창출 등이다.

한국 핀테크 산업의 비전과 핵심 전략 프레임

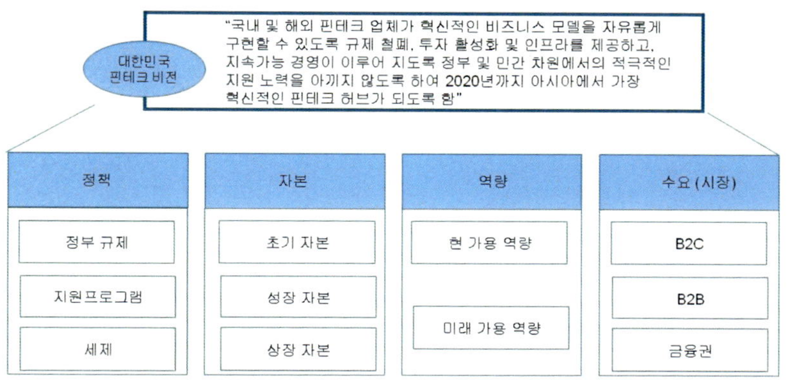

2 정부 규제의 선진화

먼저 규제의 선진화 측면은 3가지로 나눠 규제 완화, 정부 지원, 세제 지원으로 볼 수 있다.

1) 은산분리 완화

한국의 핀테크 관련 규제에서 가장 시급히 해결해야 할 것은 은산분리 규제다. 은산분리는 1961년 재벌의 산업자본 지배를 방지하기 위해 만든 규제로 55년이 지난 현실과는 맞지 않는 문제점이 여러 연구기관을 통해 지속적으로 지적되고 있다.

은산분리 규제의 재조명 필요성

은산분리 배경	은산분리 재조명
• 1961년 이후 산업자본 (재벌)의 금융 산업 지배 방지 목적으로 시작 • 은행법상 동일인 보유한도 (은행법 15조: 1994 4%에서 2002 10%로 완화) • 비금융주력자 은행주식 보유한도 (은행법 16조의 2: 2002 4%에서 2009 9%로 완화했다가, 2014 4%로 축소. 단, 4%이상 초과 지분은 의결권 포기 조건과 금융위 승인을 통해 10%까지 보유 가능)	• 산업자본의 은행지배를 (사금고화) 통한 자금 조달 유인 감소 (은행대출보다 자본시장을 통한 자금조달이 더 효율적이 됨) • 은행 대주주 신용공여 한도를 제한하기 위해 은행 자기자본금의 25% 또는 대주주 출자비율 해당금액으로 제한하고 있음 (은행법 35조의 2) • 은행이 은행의 대주주가 발행한 주식을 취득할 경우 은행 자기자본의 1%로 제한 (은행법 35조의3) • 위와 같이 현 환경에서 은산분리의 취지가 환경에 낙후되었다는 지적

출처: 자본시장연구원, 한국경제연구원(2013년)

은산분리가 그대로 유지될 경우 알리바바나 페이팔 등 ICT기업이 일으키고 있는 핀테크 활성화와 금융 혁신은 한국에서 기대할 수 없다. 이 때문에 은산분리 규제를 적극적으로 완화해야 한다는 주장이 강하게 나오고 있는 것이다.

이웃 나라인 중국과 일본의 사례를 살펴보자. 한국보다 낙후돼있는 중국도 2014년 산업자본 중심의 5개 민간은행을 허용했고, 한국만큼이나 금융의 보수성이 높은 일본도 산업자본의 은행 지분 보유한도 20%를 일찌감치 1997년부터 폐지하는 등 금융선진화를 위한 과감한 규제 철폐를 진행하고 있다.

중국, 일본의 은산분리 규제 완화

중국	일본
• 산업자본의 은행소유 제한 없음 • 단, 외국계 산업자본의 중국은행 지분 소유 제한 (개별 기업당 20%, 컨소시엄당 25%) • 2014. 3월 중국 은감위 산업자본 중심의 5개 민간은행 설립 허가 (WeBank, MyBank, 진청은행, 화루이은행, 민상은행) • 이 가운데 WeBank (텐센트), MyBank (알리바바)는 인터넷 전문은행임	• 산업자본의 은행지분 보유한도 20% 폐지 (1997) • 비금융기업 은행진출시 면허심사 및 감독지침 (2000)으로 규정 정하고 승인 및 관리

미국은 2000년대 초반부터 산업대부회사(ILC)를 통해 산업자본이 실질적으로 은행을 소유하고 경영하는 것을 가능하게 했다. 이에 따라 전 세계

에서 단일 국가로 가장 많은 수인 30여개의 인터넷전문은행이 설립됐다.

유럽 역시 'EC의 제2차 은행업 지침(The EC Second Banking Directive)' 에서 산업자본의 은행 소유를 허용하는 등 적극적으로 규제를 철폐했다. EU의 어느 국가에서든 인터넷전문은행업 허가를 받으면 어디서나 인터넷 전문은행 영업을 할 수 있게 허용하고 있다.

미국, 유럽의 은산분리 규제 완화

미국	유럽
• 1999년 Gramme-Leach-Bliley Act (금융현대화법)도입으로 산업자본의 은행지분 25% 보유 허용 • 이러한 25%제한도 ILC (Industrial Loan Company 산업대부회사) 제도를 통해 산업자본이 실질적으로 은행 소유와 경영 가능 • 즉, ILC에 대해서 25% 지분소유제한을 규정한 은행지주회사법 적용하지 않음 (GM이 자회사형태로 Ally bank 설립)	• 산업자본의 은행보유 제한 없음 • 1989년 the EC Second Banking Directive에서 산업자본 은행소유 허용 (건전성 차원의 적격성 심사로 은행 인가) • 스페인1위 은행 Telefonia은 통신사 소유 은행, 룩셈부르크에서 은행업 승인받은 paypal, 세르비아 Telenor, Hello bank등 모두 비은행자본의 은행업 진출 성공사례임

해외 사례에 비춰볼 때, 국내의 은산분리 규제는 아무리 국내의 특수상황을 감안한다 하더라도 글로벌 스탠다드와 트렌드에 매우 뒤쳐져 있는 규제라고 할 수밖에 없다.

또한 미래지향적 관점에서 핀테크 산업 활성화를 위해 모바일과 ICT역량의 금융 산업 투입을 통한 혁신을 고려할 때에도 선도적으로 완화나 철폐가 돼야만 하는 규제라고 볼 수 있다.

은산분리 완화의 당위성을 갖고 규제 완화를 해나가려면 규제 완화의 방향은 산업 활성화와 혁신, 고객 효익, 금융의 글로벌화에 방점을 둬야 한다. 또한 재벌 사금고화 가능성과 경제력 집중 악화 등의 폐단은 제도와 감독 강화로 해결해나가야 한다.

은산분리 완화의 장단점과 실행을 위한 방안

장점	단점	해결방안
산업자본 지출로 금융업 개선	사금고화 가능성	산업 활성화에 방점을 두되 폐단은 제도로 방지
중소기업 및 소상공인 등 담보력이 약하거나, 재정적 문제 소지가 높은 계층에 대한 인터넷 전문은행의 효율적이고 저렴한 금융서비스 제공 가능	재벌에 경제력 집중	인터넷 전문은행을 통해 우량 금융서비스 소외 계층에 대한 혜택을 늘리고, 재벌에 대한 사금고화 및 경제력 집중에 대한 부분은 제도로 방지 이로써 산업자본의 금융 산업 진입 허용으로 재벌에 대한 경제력 집중이 약화되는 것이 아니라(이는 제도 보완으로 감시와 통제), 경제 민주화의 핵심인 중소기업 지원에 대기업이 금융 지원으로도 기여하게 하는 길을 터주는 것이 됨
낙후된 금융 산업에 새로운 경쟁, 고객, 상품, 채널, 아이디어, 네트워크가 제공됨으로써 산업 혁신	금융업에 대한 이해 부족으로 금융 산업에 파행과 리스크 재고 및 감독비용 증대	혁신에 방점을 두고 잠재적 파행과 오류에 대한 감독 강화
경쟁과 혁신으로 고객 효익 증대	고객의 효익보다 재벌의 효익 우선	고객 효익을 추구하고, 제도 보완으로 재벌 이해 차단

가장 논란이 돼왔던 재벌의 사금고화 가능성을 자본 조달 비용의 관점으로 살펴보자.

한국은행의 자금 순환 통계를 보면, 대기업 즉, 산업자본이 금융업에 진출해 의도적으로 금융계열사를 통한 자금 조달을 할 유인이 얼마나 되는가를 가늠할 수 있다.

이 자료를 보면 50~60년 전과는 달리 대기업의 자금 조달 방법은 국내 직·간접 조달뿐 아니라 해외를 통한 자금 조달 방안으로 확대됐다. 즉, 자금 조달 대안의 비중 변화추이를 과거 13년에 걸쳐 보면 채권이나 주식 등을 통한 자금 조달은 꾸준히 증가할 뿐만 아니라 그 비중도 커지고 있다. 반면, 대출은 지속적으로 감소하고 있다. 다시 말해 이 같은 추이는 대출을 통한 자금조달은 더 이상 대기업 자금조달 수단으로서의 매력이 사라지고 있음을 시사한다. 이는 은산분리 이후 산업자본이 금융계열사를 통한 자금조달 가능성도 저하될 것임을 보여준다.

자금조달측면에서도 의미가 퇴색하는 은산분리 규제

부채잔액 기준(조원)

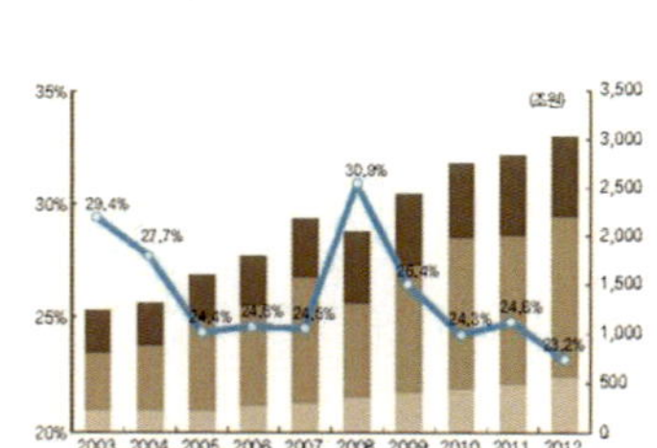

조달실적 기준(조원)

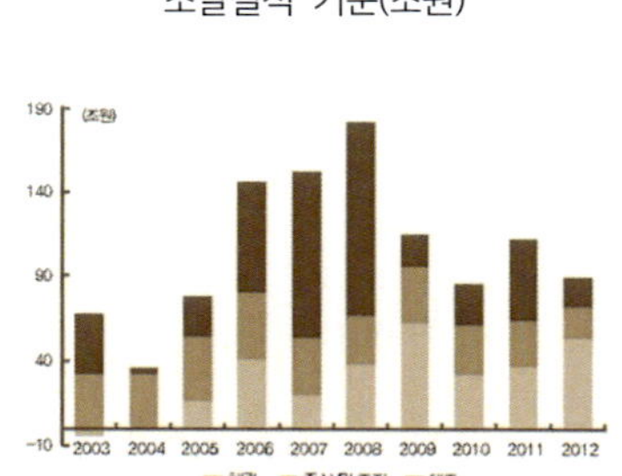

1) 비금융법인 금융부채잔액표 기준. 해외차입 등은 제외
2) 비금융법인 금융거래표 기준. 해외차입 등은 제외

출처: 한국은행 자금순환통계(2012년)

만약 그럼에도 대주주인 재벌이 금융계열사를 통해 자금을 조달한다면 대출을 제한하는 등의 제도를 만들어 차단하도록 하면 될 것이다. 즉, 대주주 신용공여 한도 축소 또는 금지, 대주주 발행주식 제한, 대주주에 대한 상시 점검, 상호출자제한 기업은 은산분리를 유지하는 등의 장치를 통

해 재벌 사금고화 리스크와 폐단은 보완될 수 있다.

2) 비금융주력자의 은행 지분 소유한도

은산분리 외에 핀테크 혁신을 통한 금융개혁을 가로막는 규제는 비금융주력자(산업자본)의 은행 지분 4%이상 초과보유 금지 규제다. 이 규제로 인해 은산분리 규제가 완화된다고 하더라도 ICT 산업의 금융 산업 진입을 실제적으로 차단할 수 있다. 4%에 불과한 자금 투입만 허용되고, 소액주주로서 의사 결정권이 제한된다. 이로 인해 ICT기업의 막대한 자금 유입이 차단되고, 이미 구축된 ICT기술이나 모바일 노하우(Know-how)를 제한적으로만 공유할 수 있다. 또한 통신 고객의 금융 고객 전환이 제한되는 것도 4% 초과 보유 금지 규제로 야기되는 한계다.

이와 같은 비금융주력자의 은행 지분 4% 이상 초과보유 금지 규제를 완화하기 위한 다양한 해법이 논의되고 있다. 4%를 50%로 늘리자는 안부터, 33%와 25%, 아예 현행대로 시행해보고 문제가 많을 경우 차후 논의하자는 안까지 다양한 의견들이다.

그러나 4% 초과보유 금지 규제를 완화하는 것은 금융 글로벌화와 선진화를 위해 점진적 방법이 아닌 빅뱅 접근법으로 시행되는 것이 바람직하다. 각종 지분 소유에 대한 대안의 의미가 그렇게 크지 않을 뿐만 아니라 한 번 결정된 법을 나중에 또 논의해서 바꾸는 것이 어렵고, 이런 과정에서 핀테크 산업의 타이밍을 놓칠 우려가 있기 때문이다. 더구나 앞에서 살펴본 여러 선진국 사례에서도 산업자본 유입으로 인한 폐해가 우려만큼 크지 않았다는 사실도 전폭적인 규제 완화의 주장을 뒷받침해주고 있다. 다만 시행 후 문제가 발생할 경우를 대비해 징계를 예고하는 등 리스크를 사전에 예방하도록 노력하고, 사고 발생 시 사후에 해결해가는 방향으로 가야 한다.

비금융주력자 은행 지분 4% 초과 보유 금지 완화의 장단점과 해결 방안

장점	단점	해결방안
핀테크의 본질은 IT나 ICT기업이 금융의 비효율을 기술과 혁신을 통해 파괴하는 것인데, 당 규제 존재시 핀테크를 통한 금융혁신이 일어날 가능성 저하	금융업을 이해하는 산업이 금융업을 영위함으로 리스크 최소화	금융산업의 후진성 개혁을 위해 ICT 산업의 금융 산업 진입 허용
한국이 가장 잘하는 분야와 가장 뒤쳐진 분야가 붙어야 혁신 가능 (금융업 안에서 금융지주회사 시도는 이미 효과 다됨)	은행, 자본시장, 보험 시장간 이종 시너지로도 충분한 성과 가능	자본시장 통합법등 규제 완화의 노력에도 국내 금융 산업의 수준은 답보 상태이므로, 세계를 선도하는 ICT 산업의 진입을 통한 특약 처방 필요
이미 매우 뒤쳐져 있는 상황이라 강한 *drive*가 주효	한국 금융시장 성숙도 고려시 단계적 접근필요	개혁의 시급성과 핀테크 산업의 후발 상황임을 고려시 단계적 접근보다 빅 뱅 접근법이 바람직
외국 금융시장 트랜드에 뒤쳐진 규제	외국과 한국은 다른 환경	금융환경의 글로벌화 지향

현재 국회에서 은행법 개정이 논의되고 있다. 비금융주력자에게 허용되는 '의결권 있는' 인터넷전문은행의 주식 보유한도를 상향조정해 은산분리

규제를 완화하는 내용이다. 즉, 현행법은 산업자본의 의결권 주식보유 한도를 4%로 제한하고 있지만, 은행법 개정안은 최대 50%, 특례법 제정안은 최대 34%로 보유 한도를 확대했다.

비금융주력자 4%이상 초과 부유 금지 완화에 대한 제언

- ☑ 국내 금융업의 위기 상황 고려시 핀테크의 혁신을 통한 금융 산업 개혁에 비중을 싣는다면, 은행법 예외 적용을 통해 ICT등 비금융주력자들의 투자를 진작하여 금융산업에 대한 자극과 혁신이 일어 날 수 있도록 해야함
- ☑ 이러한 인식하에 19대 국회, 20대 국회 발의대로(신동우 김용태, 강석진) 상호출자제한 기업집단 중 총수가 있는 기업을 제외한 비금융주력자의 인터넷전문은행 의결권 있는 발행주식의 총수의 100분의 50이내 보유 가능하도록 은행법 개정 필요

---

3) 인터넷전문은행의 최저자본금 제한

핀테크 관련 규제완화의 세 번째 대안은 인터넷전문은행의 최저 자본금 수준을 500억 원에서 100억 원 또는 최소한 지방은행 최저 자본금 수준인 250억 원보다는 낮추자는 제언이다. 이는 금융 산업의 혁신과 개혁이 목적이라면 진입장벽을 낮춰 경쟁을 더욱 활성화해야 한다는 취지다.

최저 자본금 수준 조정에 대한 제언

- ☑ 인터넷 전문은행의 최저자본금 수준 500억원을 100억원대로 낮출 필요성
- ☑ 일본의 경우 185억(20억엔), 유럽 EU의 경우 60억원(5백만 유로)로 기술 혁신 기업의 진입이 용이하게 함
- ☑ 한국도 이런 부분 고려시 최소 지방은행 최저 자본금 수준(250억원) 보다 낮출 것 제안

---

4) 은산분리 예외법

마지막으로 규제의 전폭적인 완화나 철폐가 결국 어렵다면 이에 대한 대안으로 은산분리 예외법을 생각해볼 수 있다. 일단 인터넷전문은행의 출범을 허용한 뒤, 운영상의 과정을 모니터링해 필요시 규제 완화를 확대하거나 문제에 대한 규제를 강화해나가는 방안이다.

또한 규제 방식 자체를 네거티브 방식으로 전환할 수 없다면 다른 대안으로 영국의 샌드박스(sand box) 개념을 도입하는 방법도 있다. '샌드박스'는 신제품 등을 개발했을 때 규제 없이 테스트해 볼 수 있는 환경을 의미한다. 영국 금융감독청은 잠재적 사업자에게 당국의 승인을 전제로 시범영업을 허용하는 등 금융규제가 없는 일종의 가상공간을 제공했다. 이처럼 '금융규제 프리존 특별법'을 제정해 앞으로 ICT기술 발전에 따라 규제가 따라가지 못하는 부분에 대해서는 감독기관이 융통적으로 대응하고, 금융산업 혁신도 창출하는 방향으로 가야 한다. 이러한 금융 규제 테스트베드는 여러 국가에서 도입돼 금융 혁신을 도모하고 있다.

금융규제 테스트베드 도입 해외사례 특징

구분	영국	싱가포르	호주
도입목적	• 금융혁신을 통한 글로벌 금융 중심지로서의 위상 지속 • 금융소비자 편익 증대	• 금융기술 혁신·안전한 사용을 통한 스마트 금융센터 조성 • 시스템 리스크와 소비자 보호	• 금융서비스 혁신 촉진 • 투자자 및 금융소비자 편익 증대
중점 추진 목표	• 혁신 금융상품 출현 기회 확대 • 시장출시 시간 단축 • 혁신기업의 자금조달 기회 확대	• 혁신 금융상품의 본격적인(broader scale) 시장 출시	• 핀테크 창업기업의 혁신 촉진 (proof-of-concept) • 핀테크의 혁신 금융서비스 시장출시 가속화 및 시장진출 장벽 제거
기간	• FCA는 3~6개월의 테스트 기간을 고려중이며, 기간 연장여부는 불명확	• 기업의 샌드박스 신청 상황 등에 따라 추후 결정 예정	• ASIC는 AFS 면허 면제 기간을 6개월로 지정 • 추가 기간연장은 불가
운영방법	• 일정기간 집단별(cohort) 운용	• 개별 기업에 대해 건 별 적용	• 미정
신청기업 조건	• 신청기업은 반드시 특정 신청 기준을 갖출 필요(예: 상품 서비스가 혁신적) • FCA는 신청기업 간 경쟁을 통해 샌드박스 참여기업의 숫자를 일정수준으로 통제 하고자 함	• 신청기업은 샌드박스 기간 완료 후 해당 핀테크 솔루션을 싱가포르 내에서 출시할 의사가 있음을 표명할 필요	• 별도의 요구조건은 없으나, 신청기업은 샌드박스 후견(sponsorship) 제도 고려
금융규제 면제조건	• 테스트 규모, 소비자 참가 수는 엄격히 제한 • 테스트 참여 소비자 수는 통계적으로 유의한 결과를 도출할 수 있는 정도 수로 한정	• 미정	• 일정 조건(예: 금융자문 제공, 상장증권 등 유동 상품 거래 주선)을 충족시키지 못한 기업은 개별상황에 따른 면제조건 요구 가능
금융규제 운용 유연성	• 제한인가(limited autho-rization), 특례 적용 등 금융감독 당국의 폭넓은 권한 보유	• 특정(specific) 법적 및 금융규제적(regulatory) 요구조건(requirements) 완화에 대한 금융감독 당국의 폭넓은 권한 보유	• 맞춤형 인가(modular li-censing), 금융서비업 인가대리제 금융규제 적용 면제 등 금융감독 당국의 폭넓은 권한 보유

출처: KDI(2016년)

3 지원프로그램 개발

1) 핀테크 생태계 조성

정부는 규제 완화 노력뿐만 아니라 핀테크 생태계를 구성해 핀테크 산업 활성화를 위한 다양한 프로그램과 인프라를 지원해야 한다. 생태계 내에는 핀테크의 혁신 상품과 서비스를 만드는 핀테크 업체와 금융기관, 서비스 이용고객, 모바일을 포함한 플랫폼 내에서 각종 상품과 서비스가 작동될 수 있도록 하는 ICT업체, 금융사 등이 포함된 플랫폼 참가자와 망을 제공하는 통신사를 포함하는 네트워크 참가자, 모바일 금융거래의 필수품인 스마트폰을 제공하는 디바이스 참가자, 그리고 규제당국과 인재 양성 교육, 창업 지원 등 지원 프로그램 단체 등이 포함된 규제와 인프라 지원 참가자들이 포괄돼 있다.

이런 생태계 내에서 정부가 규제 완화와 더불어 관심을 가져야 할 역할은 기업과 금융기관 간 조정(Coordination) 기능을 성실히 수행해 핀테크 기업이 사업에만 집중할 수 있게 하는 다양한 지원 프로그램을 개발하는 일이다.

핀테크 지원센터와 창조경제혁신센터가 이러한 지원 프로그램의 개발과 운영에 있어 역할을 할 수 있을 것이다. 즉, 핀테크 지원센터는 금융기관과 핀테크 업체 간의 협업에 대한 조력자(facilitator) 역할, 규제 감독기관에 규제의 실효성과 핀테크 업체가 겪고 있는 현실 전달, 법률, 세무 등 후선 업무기능이 취약한 스타트업 등에 대한 간접 지원, 지속적인 데모데이 운영으로 스타트업의 자금 조달과 연계, 향후 ICT기업의 본격 진입으로 인해 생길 수 있는 금융과 ICT기업 간의 조정(Coordination) 기능 등을 지원할 수 있다.

핀테크 산업 생태계

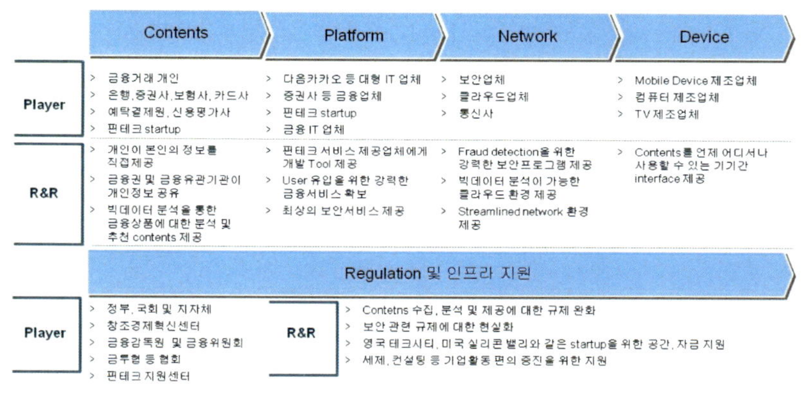

핀테크 지원센터와 창조경제혁신센터의 핀테크 지원 프로그램

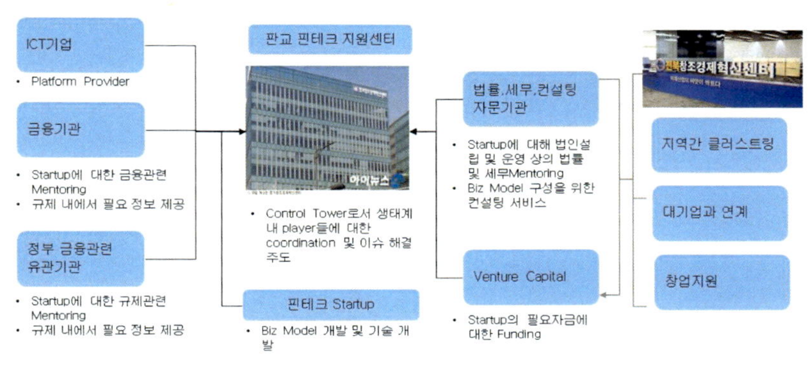

여기에 창조경제혁신센터의 전국 18개 지점에 퍼져 있는 인프라를 활용해 도심과 지방의 핀테크에 대한 격차를 줄이고, 지역 핀테크 창업을 도모하며, 핀테크 업체가 일정 수준 이상으로 성장할 경우 중앙과 연계를 이뤄주는 역할을 할 수 있다. 물론, 각 창조경제혁신센터와 연계돼 있는 대기업과 핀테크 기술기업과의 상호 연결, 시너지 모색, 지원도 가능한 역할이라고 본다.

결국 산업 클러스터링, 대기업 연계, 창업지원 등의 기능을 수행하고 있는 전국 18개소의 창조경제혁신센터는 전국적으로 핀테크 기업이 창업하고 사업을 영위할 수 있는 훌륭한 플랫폼이 될 수 있다.

창조경신혁신센터를 통한 지원프로그램

지역간 클러스터링	대기업과 연계	창업 지원
• 핀테크와 관련된 각 지역별 특성화 사업을 클러스터로 묶어 시너지 강화 • 특히, 빅데이터, 핀테크, **Artificial Intelligence**에 대한 클러스터링은 핀테크 발전에 중요한 역할을 담당할 것임	• 지역별로 지정된 대기업과의 연계를 통해 핀테크 스타트업의 기술 개발 및 창의적 **Business Model**을 만드는데 있어 협업 할 수 있도록 coordination 수행	• 각 지역별로 핀테크 기업이 창업 할 수 있는 자금, 인프라, 멘토링 등 다양한 지원 프로그램 가동 • 서울에 집중될 수 있는 핀테크 기업을 전국적으로 확산 시켜 지역의 균형적 발전과 더불어 핀테크 기업의 증대를 꾀하도록 지원

마지막으로 금융기관이 운영하는 핀테크 랩도 이러한 인재 양성 프로그램에 기여할 수 있는 방안이 될 수 있다. 2016년 11월 기준 7개 금융기관에서 75개의 핀테크 기업을 육성하고 있다.

2) 금융권 공동 핀테크 오픈 플랫폼

한국의 핀테크 산업 발전을 위한 지원 정책의 일환으로 2016년 9월 가동을 시작한 금융권 공동 핀테크 오픈 플랫폼은 정부의 핀테크 지원 정책의 대표적 사례다. 공동 핀테크 오픈 플랫폼은 핀테크 기업이 금융사 데이터·시스템을 활용해 금융서비스를 용이하게 개발할 수 있도록 한 공동 플랫폼이다. 방식은 핀테크 기업이 오픈플랫폼에 접속한 뒤, 조회나 이체 등 특정 기능을 하는 응용프로그램인터페이스(API)를 내려받으면 개별 금융사와 별도 협상 절차 없이 핀테크 서비스를 만들 수 있다.

금융권 공동 핀테크 오픈 API 플랫폼

그러나 오픈플랫폼은 금융사들이 지속적으로 참여하지 않고 있으며, 데이터 공유를 위한 유인책이 부족한 상황이다. 이 때문에 소수 업체만 참여하고, 중요 데이터 공유는 제한되는 등 플랫폼 설립 취지가 퇴색됐다.

금융결제원에 따르면 국내에서 활동하는 300개가 넘는 핀테크 기업 중 지금까지 오픈플랫폼에 등록한 기업은 40개로 전체 기업의 13% 수준에 불과하다. 오픈플랫폼이 구축된 지 3개월여가 지났지만 실제 이를 활용한 핀테크 서비스 출시도 전무한 상태다.

핀테크 업계에선 현재의 오픈플랫폼이 단순히 은행의 일부 기능(API)만 연계했을 뿐 핀테크 서비스 개발 핵심인 거래·주문·상품정보 등 은행 빅데이터는 공유되지 않고 있어 오픈플랫폼의 실효성이 상실됐다는 불만을 토로하고 있다. 또한 오픈플랫폼을 활용하려면 금융위원회 산하 핀테크지원센터 승인을 거친 뒤 시범 테스트 과정을 통과하는 등 절차가 너무 복잡하다는 비판도 나온다. 핀테크 업계 관계자는 "출범 당시에도 오픈플랫폼은 거래 정보 공유 등 핵심은 빠지고 옛 방식인 공인인증서 기반으로 만들어져 활용 가치가 없다는 지적이 많았다"고 말했다(매일경제, 정지성, 2016년).

앞으로 정부는 오픈플랫폼에 참여한 은행과 증권사들이 유의미한 데이터를 핀테크 업체와 공유하도록 적절한 유인 체계를 만들어 핀테크 기업의 금융권 오픈 API 플랫폼 활용도를 높일 수 있어야 한다.

3) 핀테크 컨트롤타워 변경

핀테크 활성화를 위한 최상위 지배구조 개선과 관련해 핀테크 발전 속도가 현재와 같이 더딜 경우 영국 사례와 같이 컨트롤 타워의 변화 혹은 조정을 통해 핀테크 산업을 적극적으로 활성화하는 방안도 고려해야 한다.

영국의 경우 핀테크 산업 활성화를 주도하기에 한계가 있는 기존 감독체계(FSA; Financial Service Authority)를 핀테크 산업을 활성화시키는 관점에서의 금융행위감독청(FCA; Financial Conduct Authority)과 기존 금융 감독 영역을 지속적으로 통제하는 건전성감독청(PRA; Prudential Regulation Authority)으로 이원화했다.

2013년 8월 금융위기에 대한 부적절한 대응과 소비자의 이해를 충분히 반영 못한다는
이유 등으로 FSA를 전격 해체

▶ 금융기관 규제에 초점을 맞춘 PRA와 금융의 혁신과 금융 산업의 성장을 위해 최소한의 규제를
지향하는 FCA로 이원화

출처: Kim Durniat, "Goodbye FSA, Hello PRA and FCA"(2013년 4월), FCA, "'We will be different to the
FSA' says new regulator"(2013년 4월)

영국 정부는 감독기관 개편과 함께 핀테크 기업 생태계 내에 '규제 샌드
박스' 개념을 도입해 핀테크 기업을 위해 규제로부터 자유로운 환경을 만
들어주고, 필요에 따라 규제의 강도와 완급을 조절했다.

영국 정부는 또한 2010년 테크시티(Tech-city)를 조성해 핀테크 기업
생태계를 마련하고, 이에 전폭적으로 지원해 핀테크 기업 7,000곳이 탄생
했다. 그 결과, 유럽 전체 핀테크 투자의 절반 이상이 영국에 투자됐고,
2015년 영국 내 핀테크 매출은 10조 원, 일자리는 6만 1,000개, 2016년
핀테크 거래 예상규모 200조 원의 성과를 냈다.

결국 한국의 감독기관도 투 트랙, 즉, 산업 활성화를 주도하는 부처와
금융 리스크를 관리하는 부처로 나눠 산업 활성화 정책의 실질적 효과가
나올 수 있게끔 해야 한다.

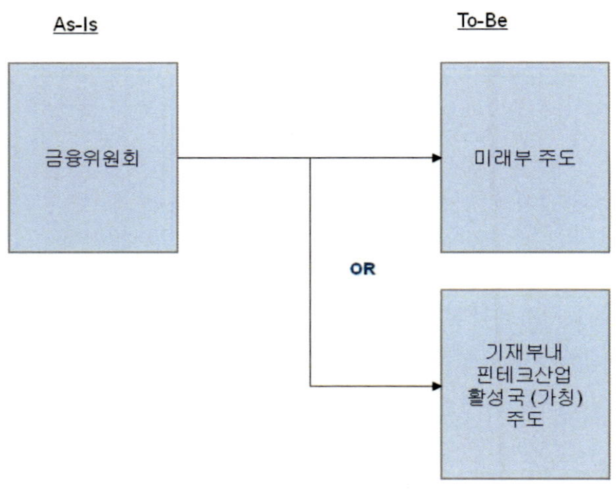

핀테크 혁신의 핵심은 결국 ICT기술에 근거해야 한다. ICT 산업에 대한 이해가 높은 미래창조과학부가 핀테크 산업 발전 정책 수립과 이행에 더욱 개입해야 한다는 것이다. 이렇게 컨트롤타워가 이원화되면 핀테크 산업 정책은 ICT 분야에서 주도하고, 금융이 따라가는 방식이 될 것이다.

이로써 영국 테크시티의 규제 샌드박스처럼 규제로부터 자유로운 환경 아래에서 창의적인 핀테크 기술과 사업모델이 개발될 것이다. 감독기관은 사후적으로 사업모델에 대한 문제점들을 논의해 조정하거나 관련 규제나 제약을 폐지하는 등의 결정을 내리게 된다. 영국의 FCA는 핀테크 산업 활성화를 위한 규제 완화나 폐지 노하우(Know-how)를 '레그테크(regtech)'로 명할 만큼 핀테크 규제 완화 기술에 대한 자신감을 나타내고 있다.

출처: Interview with FCA CEO, Martin Wheatley(2013년)

산업 활성화 우선과 사후 규제 방식으로 감독과 정책 기조 변경을 하려면 3가지 대안이 가능하다. 핀테크 콘트롤 타워 변경은 ① 주무부처 중심 조정, ② 상호 조정기구 운영, ③ 상위 조정기구 운영의 3가지 유형이 가능하다.

핀테크 컨트롤 타워 변경 대안

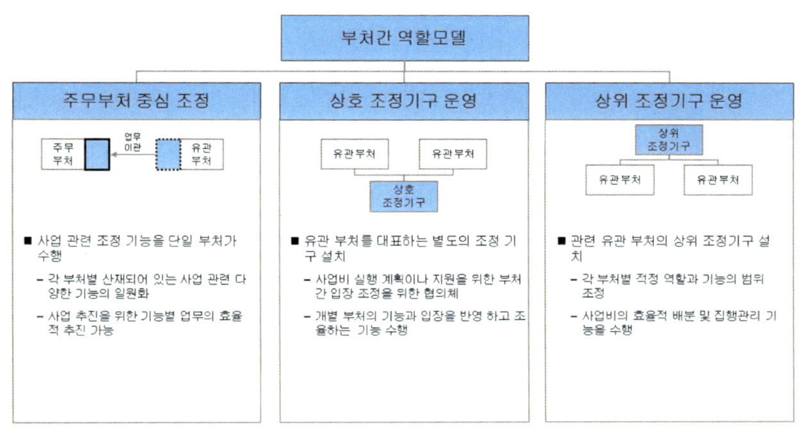

컨트롤타워 변경안(앞 페이지 표)은 금융위원회와 미래창조과학부 또는 기획재정부 간의 핀테크 산업과 관련된 업무 이관과 조정 방식을 보여준다. '선(先) 산업, 후(後) 감독' 기조 아래 첫 번째 대안은 금융위원회의 산업 활성화와 관련된 업무를 미래창조과학부로 이관하는 것이다. 두 번째 대안은 업무 이관과 협조 과정에서 조정이 필요한 경우 조정 기구를 중간 지대에 두는 것이며, 세 번째 대안은 조정 기능을 두 주관 부처 상위에 두는 것이다.

특히 세 번째 대안의 경우 상위 조정기구는 그 기능을 좀 더 강화해 대통령 직속으로 핀테크 활성화 기구를 두고, 업무이관 등 영역 조정과 핀테크 규제가 완화되거나 철폐될 때까지 실행하는 것을 목적으로 권한을 부여할 수 있다.

4) 세제 지원

영국과 미국은 핀테크 기업에 대한 다양한 세제혜택을 주고 있다. 또한 룩셈부르크는 핀테크 기업이 저작권이나 특허, 상표 등 지적재산(IP)을 이용해 수익을 내면 수익의 80%는 세금을 부과하지 않는다. 미국은 재정절벽 회피법안(ATRA; American Taxpayer)에 기반해 세금 우대 정책을 시행하고 있고, '스타트업 뉴욕(START-UP NY)'이라는 정책에 따라 10년간 100% 면세 혜택을 주고 있다.

한국도 최근 '핀테크 산업 진흥에 관한 법률'에 따라 세제혜택 기반이 마련됐다. 이 법안은 "정부는 핀테크 분야의 창업자를 위하여 창업지원계획을 수립·시행할 수 있으며, 필요한 세제상· 금융상 지원을 할 수 있다(제9조)"는 내용이 담겼다.

세금혜택항목	주요 내용
Enterprise Investment Scheme	규모가 작은 비상장기업에 투자할 때 세금 경감
Seed Enterprise Investment Scheme	스타트업에 투자 할 경우 소득세와 자본소득세 경감
Entrepreneurs' Relief	5%이상 지분을 가지고 1년이상 근무하면 주식 팔때 세액 공제
R&D Tax credit	R&D에 대한 비용에 대해 지방정부에서 징수하면 중앙정부는 그것을 제외하고 징수함으로써 중복과세를 막음
Patent Box Scheme	특허에 의한 소득은 법인세율 낮게 적용
BitCoin	비트코인에 대한 세금 면제

출처: UK Trade & Investment, 블로터

4 핀테크 산업자본 조성

1) 초기 자본 조성

핀테크 산업 활성화를 위한 두 번째 핵심 과제는 핀테크 산업 자금 조성이다. 국내 핀테크 투자는 2015년을 기점으로 큰 폭으로 증가하는 추세지만, 글로벌 수준에 매우 미흡하고, 초기 자금(seed money) 수준에서 머물고 있다.

앞서 말했듯이 중국의 경우 2016년 핀테크 투자만 약 7조 원 이상 유치했고, 벤처캐피탈을 통한 투자규모도 2조 4,000억 원에 이른 것과 비교하면 한국의 2016년 핀테크 총 투자액(487억 원)은 초라할 뿐이다. 더욱이 알리바바의 핀테크 금융 부문인 앤트파이낸셜에 대한 투자만 4조 6,000억 원 규모에 달하는 것을 보면 한국의 핀테크 산업이 가야 할 길은 멀다.

초기 자금 유입은 핀테크 기업의 초기 성장에 매우 중요하기 때문에 지속적으로 이뤄지도록 정부나 업계가 노력을 기울여야 한다. 프랑스 정부는 '프렌치 테크 티켓(French Tech Ticket)'이라는 벤처 육성 프로그램을 통해 핀테크 스타트업에게 초기 자금을 지원한다. 프랑스 정부는 2015년 50곳의 핀테크 기업을 선정해 4만 5,000유로의 자금을 지원하고 멘토링을 제공했다.

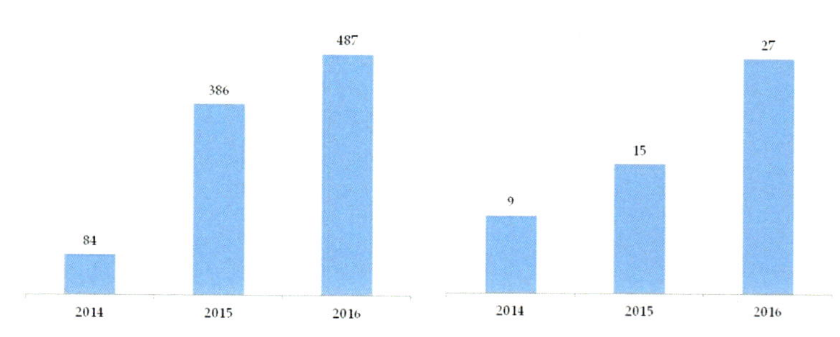

2) 성장 자본 조성

국내 핀테크 기업에 대한 초기 자본을 지원하더라도 이후 상황은 첩첩산중이다. 지속적 성장을 위한 사업모델이나 기술력 개발에 필요한 성장재원 조달도 한계가 있기 때문이다. 더욱 안타까운 사실은 정부의 더딘 규제완화 속도가 이에 일조하고 있다는 것이다.

먼저 국내 핀테크 기업 중 5백만 달러 이상의 성장자본 투자를 유치하는 경우는 현재로서는 거의 없다고 할 수 있다. 이러한 현상은 핀테크 업체 스스로 기술이나 사업모델의 창의성을 투자자에게 충분히 어필하지 못하고 있고, 기업 자체가 매력적이더라도 투자자들은 최종 투자 결정을 유보하거나 조건을 내세우는 경우가 많다. 사업모델이 정부의 규제로 실현될 가능성이 얼마나 있는 지에 대해 우려하는 것이다.

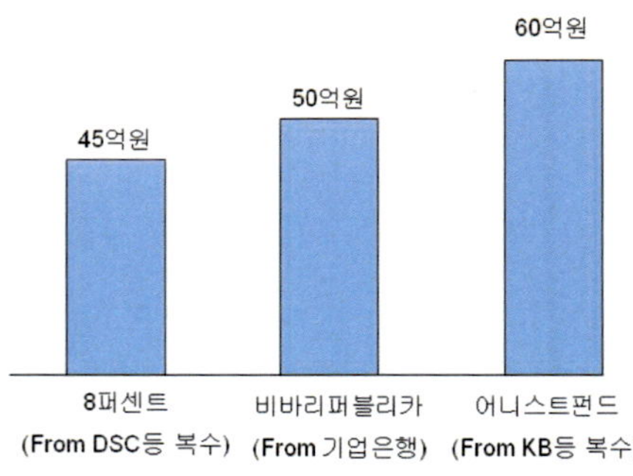

출처: Platum, 시사저널, 블로터

결국 한국 핀테크의 기술과 사업모델은 역사가 짧고, 환경이 낙후돼 아직 초보적인 단계에 머물러 있다. 이 때문에 투자자 관점에서 보면 충분한 경쟁력을 갖추지 못하고 있다고 판단되기 쉽다. 또한 설령 기술과 모델에 대한 가치가 보여도 국내 시장에서는 여러 규제에 막혀 수익성이 담보되지 않기 때문에 성장을 위한 투자를 주저하게 된다는 것이다.

성장자본의 활성화를 위해서는 정부가 핀테크 산업에 대해서만이라도 예외적으로 과감히 네거티브 시스템(negative system)으로 규제 기조를 바꾸고, 그 안에서 핀테크 기업이 다양한 기술을 테스트하고 사업 모델을 구축하게 한 뒤 수익을 낼 수 있게 해줘야 한다. 그러면 핀테크 기업은 이를 기반으로 더 나은 기술을 개발하고, 더 큰 수익을 창출하면서 투자자 관점에서 투자에 대한 동인을 제공하게 될 것이다.

3) 상장 자본 조성

핀테크 산업을 위한 자금 조성의 마지막 단계는 상장펀드를 조성하는 것이다. 국내에서 기술특례 상장제도를 통해 2015년 12개 핀테크 기업이 상장에 성공했듯이 향후에 더 많은 핀테크 기업이 자본 시장에서 자금 조달이 가능하도록 다양한 상장지원제도가 추가로 개발돼야 한다.

거래소 기술 특례 상장 기업

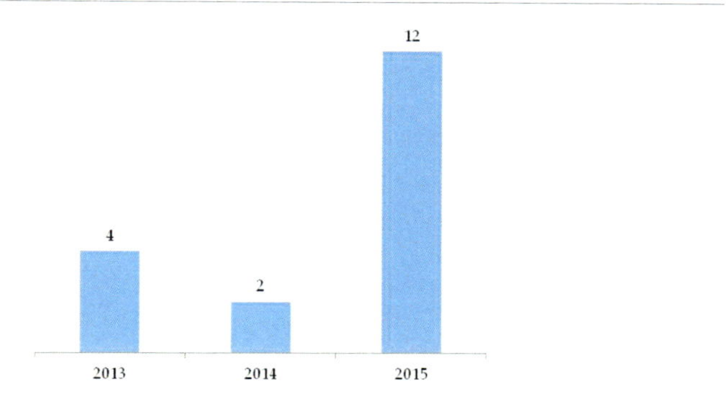

출처: 뉴시스(2016년) (단위: 개)

한국거래소의 기술 특례 상장 제도

- 거래소는 2015년 심사 기준이 더욱 완화된 기술 특례 상장제도를 소개하고, 국내 핀테크 기업의 상장을 적극 지원할 계획임을 밝힘
- 거래소 관계자는 "최근 기술특례를 활용한 기술기업 상장이 확대되고 있어 향후 핀테크 기업들의 코스닥시장 진입이 보다 활성화될 것"이라고 밝힘
- 국내 핀테크 기업은 기술 특례 상장을 통해 자금을 확보할 수 있는 길이 열림에 따라 비즈니스에 더욱 힘을 받을 수 있음
- 향후에 핀테크 기업을 위한 다양한 상장제도에 대한 고민이 지속적으로 이뤄져야 함

5 핀테크 인력 수급 지원

1) 선진국의 일자리 창출

영국은 핀테크를 통해 6~8만 개의 일자리를 창출한 것으로 알려졌다. 이를 가능하게 한 것은 테크시티 내 5,000여 개의 핀테크 스타트업이 발전하면서 고용이 늘어난 덕분이다. 여기에는 영국 정부의 강력한 규제 철폐와 인력 인프라 제공이 큰 역할을 했다.

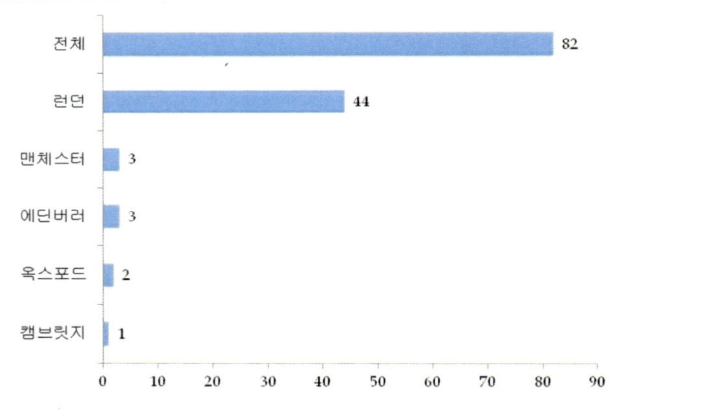

출처: Statista(2015년)

특히 영국이 고용 창출에 있어 성과를 낼 수 있었던 배경에는 영국 정부의 핀테크 산업 정책에 '인력 양성의 중요성'이 포함돼있었기 때문이다. 그 결과, 핀테크 산업으로 인재가 유입되고, 이로 인해 산업이 활성화되면서 더 많은 인재들을 고용할 수 있는 기반이 형성됐다.

- 영국은 런던 테크시티를 중심으로 핀테크 산업 육성, 6~8만개 일자리 창출
- 런던 테크시티에는 5,000개 이상의 관련 스타트업이 밀집하였으며 도시 내 핀테크 취업자 수가 44,000명으로 세계의 핀테크 수도로 부상
- 영국은 테크시티의 기술력과 금융 산업의 시너지 효과를 극대화하기 위해 Level 39라는 유럽 최대의 핀테크 클러스터를 별도로 조성
- 테크시티의 회사를 포함한 런던의 정보기술 벤처기업은 '10년 49,969개에서 '14년 말 88,251 개로 76% 증가하였으며, 런던 전체에서 늘어난 일자리의 27%가 테크시티에서 형성
- 영국 정부는 테크시티내 핀테크 기업에 2015년 9조 5천억 원 투자(영국 재무성 발표, 2016년)
- 영국 재무성은 영국의 핀테크 산업이 2015년 한 해 동안 약 6만 명의 고용을 창출했으며, 이는 싱가포르, 홍콩, 호주의 핀테크 종사자를 합친 것보다 많은 것임을 발표

전 세계 핀테크 투자금액의 83%를 차지하는 미국도 핀테크를 통해 2015년 한 해만 20만 개 일자리를 창출했다. 뉴욕이나 실리콘밸리의 창업과 기술 인력 인프라는 고용을 늘리는 데 중요한 역할을 했다.

미국의 핀테크 산업 일자리 창출

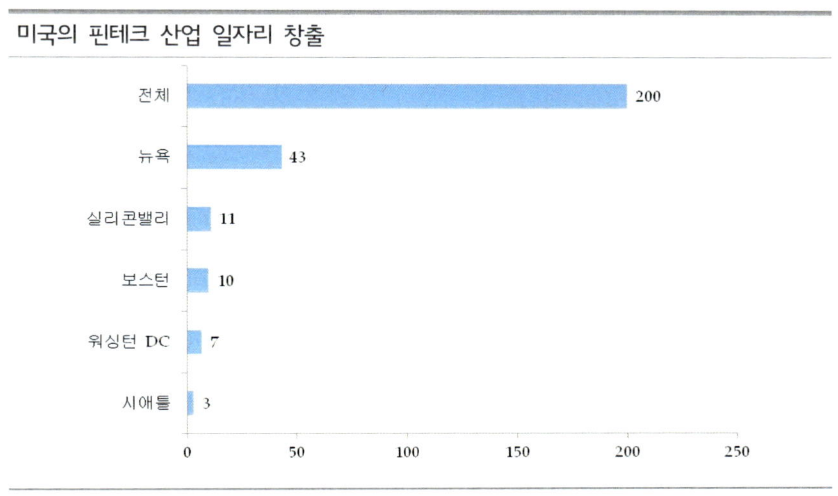

출처: Statista(2015년)

미국의 핀테크 인력들은 주로 실리콘밸리와 뉴욕의 두 중심축으로 유입됐다. 2015년 뉴욕에서 4만 3,000명, 실리콘밸리 지역에서 1만 1,000명의 핀테크 일자리가 창출됐다.

이 같은 고용 인프라를 바탕으로 미국은 전 세계 핀테크 투자금의 83%인 23억 달러 규모의 투자를 유치하고 있다(액센츄어, 2015년). 또한 조달된 우수한 인력을 기반으로 트위터 창업자인 잭 도로시가 설립한 핀테크 업체 스퀘어(Square)나 모바일 결제업체인 스트라이프(Stripe) 등 핀테크 전 분야에 걸친 선도 기업이 활동하고 있다.

미국 모바일 결제 대표 핀테크 기업, Square

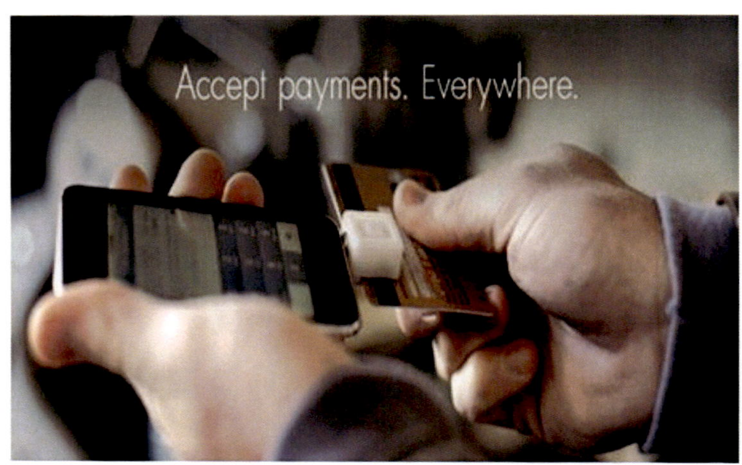

- 2009 설립, 샌프란시스코 미국
- 개인이나 소상공인의 지급 결제용 모바일 카드리더기
- 고객 접점을 통해 데이터 수집 및 분석
- 매출, 고객 관리, 실적 관리 등 비즈니스 정보 지원

결국 해외의 핀테크 산업 고용 창출 사례에 따르면 규제 완화로 산업 활성화를 도모하고, 정부 주도로 인력 인프라를 구축해 고용을 증대하는 선순환을 만들어가는 것이 중요하다.

2) 국내 핀테크 산업의 고용 상황

핀테크 출발과 발전이 글로벌 선도국들보다 뒤쳐진 국내의 핀테크 고용 상황은 어떠한가? 핀테크 기술 개발의 역사가 길지 않은 점, 핀테크 사업의 발전이 국내 규제 환경 속에서 양호하지 못한 점, 정부 투자를 포함한 투자가 활성화되지 못한 점 등의 이유로 가용할 수 있는 핀테크 인력 상황은 우수하다고 결코 볼 수 없는 상황이다.

다만, 앞으로 핀테크 분야의 인력을 늘리는 것이 무조건 어둡지만은 않다. 선진 수준인 한국의 ICT 산업의 인력들이 가지고 있는 역량과 기술을 활용할 수 있고, 2004년 이래 최저치를 보이는 금융 산업 고용현황과 금융업으로부터 구조조정된 인력을 잠재적 핀테크 인력으로 활용할 수 있기 때문이다.

국내 금융 산업의 저조한 고용률

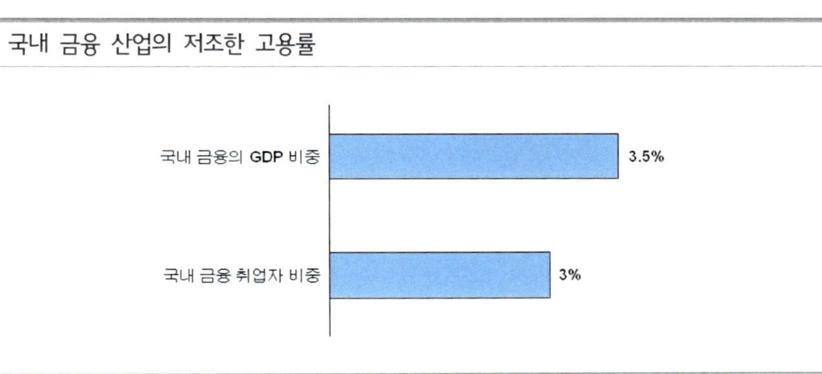

출처: IDC(2014년)

특히, 금융권의 계속되는 구조조정으로 희망퇴직자는 지속적으로 늘고 있고, 신규채용도 대폭 감소돼 2015년 금융업에 종사하는 인원은 모두 78만 9,000명으로 집계됐다. 이 수치는 2004년 이래 최저치이며, 전통적인 금융업의 경쟁력, 수익성 악화와 앞으로의 전망을 고려할 때 지속적으로 감소할 것으로 전망된다.

반면, 새로운 금융의 트렌드인 핀테크는 영국과 미국 사례에서 본 것처럼 지속적인 일자리 창출을 하고 있어 한국의 금융 산업 고용률을 늘릴 수 있는 여지가 크다.

정부 자료에 따르면 한국의 핀테크 기업 수는 2015년 5월 44개에서 같은 해 말 360개로 크게 증가했다. 현재 핀테크 산업 종사자는 2만 5,000명으로, 핀테크 기업당 약 70명의 고용 효과를 창출하고 있다. 가령, 국내 핀테크 기업이 1,000개로 증가한다면 약 7만 개의 일자리가 창출 가능하다는 의미이다. 결국 새로 설립될 2개의 인터넷전문은행을 통한 고용창출은 534명에서 1,500명까지로 추정될 수 있다.

또한 인터넷은행당 267개 일자리를 창출하고 있는 일본 인터넷은행 사례를 적용해봤을 때 2개의 인터넷전문은행이 출범할 경우, 약 534명의 고용 창출을 예상할 수 있다. 일본 인터넷은행 자산 대비 고용수를 추정하면 일본의 인터넷 은행당 자산은 약 20조 원이고, 총 고용은 약 1,600개 일자리다. 국내 인터넷전문은행이 국내 지방은행 수준의 자산 50조 원으로 운영된다면, 약 1,500명까지 고용할 수 있다. 이는 국내 인터넷전문은행 고용 수준을 독일의 인터넷전문은행인 피도르 은행 사례를 반영해 기존은행 대비 약 50%로 가정한 숫자다.

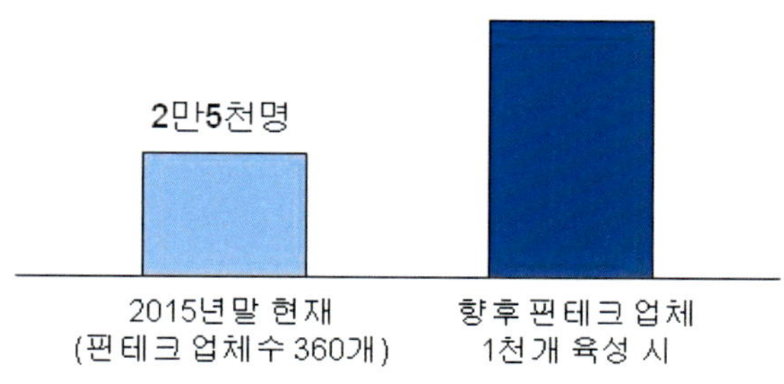

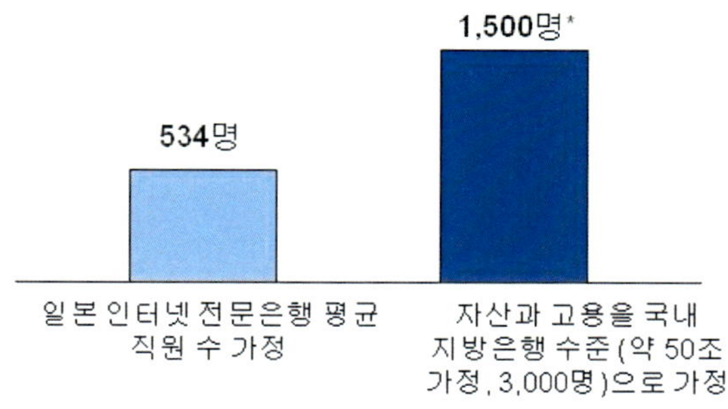

*피도르은행 사례를 기반으로 기존 금융권의 50% 인력으로 운영 가능하다고 가정

한국노동연구원은 핀테크 성장을 통해 2026년까지 7~11만 개의 신규 일자리가 창출될 것으로 예측하고 있다(2015년). 2004년 이래 최저치의 고용률을 보이고, 2020년까지 추가 20% 정도의 인력 감축이 예상되는 금융업 상황을 고려할 때 핀테크는 고용을 통해 경제에 기여할 수 있는 기회가 될 것이다. 물론, 미래에 핀테크 서비스가 다양화되면 다양화될수록 일자리 수는 더욱 커질 것이다.

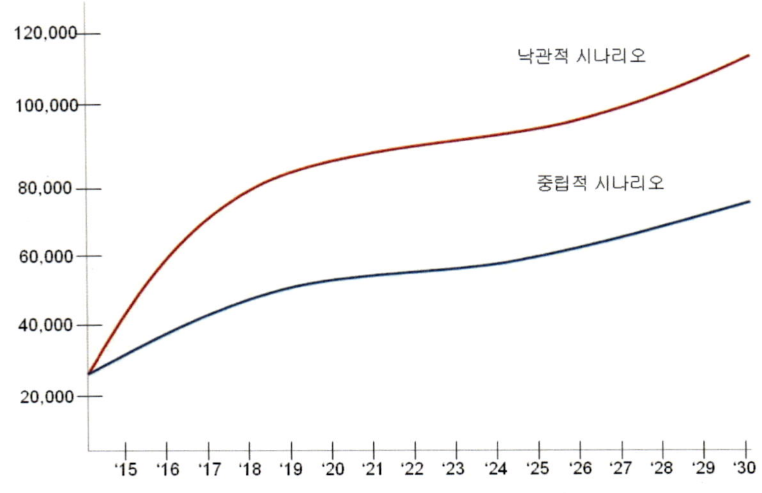

출처: 한국노동연구원(2015년)

3) 국내 핀테크 산업의 간접 고용 효과

마지막으로 핀테크 산업 활성화를 통한 간접적 일자리 창출 효과도 무시할 수 없다. 핀테크 산업의 기반 기술 영역인 빅데이터와 인공지능(AI; Artificial Intelligence) 산업의 발전은 핀테크 산업의 발전과 함께 성장 속도가 가속화될 것이며, 이를 통한 간접 고용 효과도 상당할 것으로 예상된다.

- 핀테크 기반 산업(빅데이터, 딥러닝, AI) 활성화로 일자리 창출
- 빅데이터 시장은 2020년까지 897억 달러로 성장할 시장(IDC, 2014년)
- AI 시장은 빅데이터 시장의 두 배 규모로 성장 예상(IDC, 2014년)

- 핀테크의 발전은 이러한 시장 성장에 가속
- 이러한 빅데이터, AI시장 성장에 따른 일자리 창출은 핀테크 산업을 통해 창출될 일자리보다 대규모임

빅데이터 시장 성장 전망

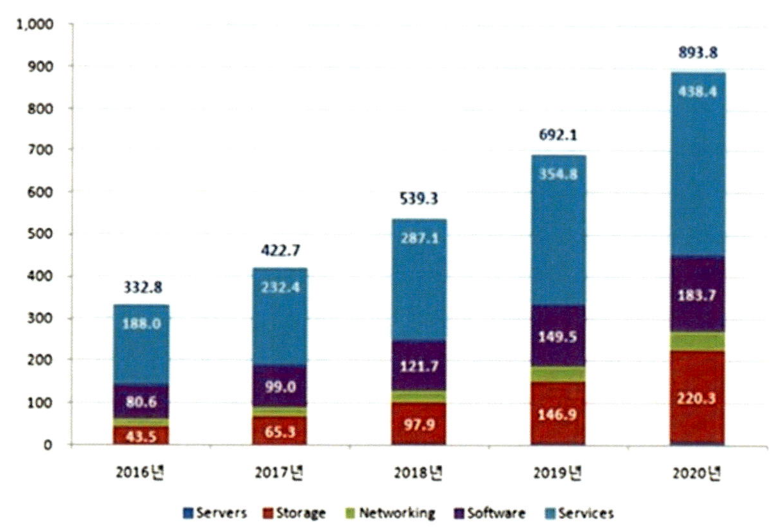

출처: IDC(단위: 억 달러)

6 핀테크 인력 육성 방안

이제 중요한 것은 핀테크 인력을 육성하는 방법이다. 핀테크 관련 인재를 확보하기 위해서는 그야말로 기업과, 학교, 정부의 긴밀한 협력이 필수다.

대학 내에서는 STEM(Science, Technology, Engineering, Mathmatics) 인력의 융·복합역량을 증진할 수 있는 교육 프로그램을 강화해야 한다. 이와 함께 핀테크 지원센터나 창조경제 혁신센터, 금융 관련 협회에서는 실무형 핀테크 아카데미 프로그램을 개설해 취업자와 창업자들을 지속적으로 지원하는 방식을 제안할 수 있다.

핀테크 인력을 양성하려면 핀테크 산업에서 요구될 역량을 먼저 파악하고, 이에 맞는 교육과 훈련 프로그램을 마련하는 과정이 필요하다. 이런 측면에서 앞으로 핀테크 기업이나 인터넷전문은행을 운영하기 위해 금융 산업에 진입하게 될 ICT기업이나 ICT 인력이 과연 어떠한 금융역량을 갖춰야 하는가를 알아야 한다.

금융 산업 밸류체인 관점에서 고객 이전(migration), 모바일 채널 관리, 혁신 상품 개발, 금융 리스크 관리, 생태계 관리 역량 등 모두 6가지의 역량을 꼽을 수 있다.

첫 번째로 ICT 기존 고객을 금융 고객으로, 경쟁사 금융 고객을 인터넷 전문은행으로 이전(migration)시키는 역량은 초기에 가장 요구된다. 이는 기존의 금융기관보다 많은 수와 접촉 빈도수가 높은 고객군을 가지고 있는 ICT기업이 자사의 고객군을 어떻게 금융 고객으로 전환시키는가에 대한 것이다.

ICT기업의 금융 산업 운영에 필요한 역량

	역량 1 고객 migration 및 관리 역량	역량 2 온라인/모바일 채널 관리 및 마케팅 역량	역량 3 혁신상품개발 역량	역량 4 IT 역량 (빅데이터, AI 등)	역량 5 리스크관리 역량	역량 6 생태계 생성 및 관리 역량
개념	• 온라인 고객에 대한 이해를 바탕으로 통신 고객을 금융 고객으로 전환 할 수 있는 관리 역량	• 지점위주의 채널을 배제한 온라인 모바일 채널의 개발과 관리 역량과 이러한 채널을 통한 마케팅 역량	• 모바일 뱅킹의 고객들이 보이는 차별화된 특성을 파악하고 이러한 차별성을 충족시킬 수 있는 혁신 상품 개발 역량	• 모바일 뱅킹 주력 은행의 핵심 역량이 될 수 있는 IT 역량	• 상품, 고객, 위험 자산등 관련 리스크 관리 역량	• 통신, ICT등 비금융기관, 모바일 뱅킹의 원활한 운영을 위한 네트워크 사업자와 디바이스 제조업체, 빅데이터등 정보 분석업체, 스타트업등 핀테크의 생태계 생성과 관리 역량

핀테크 인재 양성 산학 프로그램

대학 내 STEM 인력 양성 강화	• 핀테크에 대한 역량 있는 인력 배출을 위해 STEM(Science, Technology, Engineer, Mathmatics) 전공에 대한 교수진 및 프로그램 강화 • 융복합학과 강화를 통해 STEM 인력이 각자의 전공에만 몰입하는 것이 아닌 타 전공과의 융복합을 통해 통합적 인재로 커가기 위해 대학 내 프로그램 다양화 필요
핀테크 아카데미 개설	• 대상: 현 핀테크 업체 재직자, 취업 준비생, 창업 준비자 • 교육 내용 - 핀테크 비즈니스 모델 개발 - 핀테크 창업 실무 - 보안 등 IT 교육 - 금융 지식(은행, 증권, 보험 등)

SNS기반 인터넷전문은행 해외 사례를 보면 고객들은 간편함과 상시성, 비용 효율 등을 따져 계좌를 이동했다. 안전한 금융거래만 이뤄진다면 언제든 계좌 이동을 하겠다는 고객이 많았다. 첨단 핀테크 기술로 제안되는 가치가 전통 은행에 대한 충성도를 쉽게 무너뜨리고 있는 것이다. 사실 이미 '은행이 보이지 않는 은행거래'가 스마트폰 안에서 이뤄지고 있는 상황

에서 기존 은행의 브랜드와 지점이 얼마나 중요하겠는가.

두 번째 필요한 역량은 모바일 채널을 통해 비용을 절감할 수 있는 역량이다. 이는 인터넷전문은행이나 핀테크 업체가 기존 금융권과의 차별을 위해 갖춰야 할 중요 역량이다. 모바일을 통한 비용을 지점의 운영비용과 비교하면 약 1% 밖에 안 된다는 분석이 있다. 처음부터 지점 없이 운영되는 ICT 주도 인터넷전문은행 또는 모바일전문은행의 경쟁력은 바로 여기에 있다. 이는 지점 기반의 전통적인 은행업은 물론이고, 기존 은행과 인터넷전문은행을 함께 운영하는 경우와 비교해도 비용효율 면에서 차이가 난다.

핀테크 인재는 모바일 내에서 어떠한 금융서비스를 선별적으로 구현하고 고객들에게 제공할 것인가를 알아야 한다. 미국이나 일본의 경우, 모기업인 ICT기업의 서비스와 연결된 통신-금융, 또는 유통-금융 등의 복합 서비스를 제공한 경우가 그렇지 않은 경우보다 성공적이었던 것으로 나타나고 있다. 여기서 성공의 의미는 '비금융사업자의 고객을 얼마나 인터넷전문은행 고객으로 끌어들였는가'이다.

결국 절대적 비용 우위를 가지는 채널을 기반으로 산업과 금융 복합상품, 서비스를 저렴한 가격에 제시하는 것이 핵심이고, 이를 위해 모바일 채널과 가성비가 높은 상품을 연계하는 역량이 필요한 것이다.

세 번째 필요한 역량은 ICT기업이 다소 취약할 수 있는 영역인 혁신적인 금융 상품을 개발하고 고객 니즈에 따라 상품과 서비스에 변화를 줄 수 있는 역량을 갖추는 것이다.

<table>
<tr><td>

고객 migration 및 관리 역량

- **ICT**기업은 이미 기존 고객의수가 금융사의 고객보다 많아 기존 고객 **migration** 중요
- **Migration**을 위해서 고객 경험 (customer experience) 창출이 중요
- 핀테크 금융 서비스의 가치제안
    - 편의성 (SNS나 이메일 계정만으로, 24h/365),
    - 신속성 (거의 즉시)
    - 비용 효율성 (은행 수수료의 1/10)
- 가치제안의 제공을 통해 기존 은행 서비스로부터 이탈되어 인터넷 전문은행의 고객이 되도록 함

</td><td>

온라인/모바일 채널 관리 및 마케팅 역량

- 모바일 채널을 통한 서비스 제공으로 기존 금융 사업자들의 지점 관리등 고비용 구조를 적극적으로 개선하여 비용 우위 선점
- 이를 통해 경쟁력 있는 금융 상품과 서비스로 성공적 시장 진입과 고객 유치

</td></tr>
</table>

ICT기업에게 다행인 것은 그 동안 강한 규제로 국내 금융 상품의 다양성이 제한적일 뿐 아니라 금융기관 간 상품 차별성도 거의 없기 때문에 금융 상품 개발을 위한 노하우(know-how)를 확보하는 것이 어렵지 않을 것이란 관측이다. 오히려 상품 개발 역량을 배양하는 것보다 차별화된 상품을 출시하기 위한 금융당국의 승인과정이 더욱 어려울 수 있다.

그렇다면 ICT기업 주도로 어떻게 금융 상품 서비스를 혁신할 수 있을까? 모바일 고객의 특성을 이해하고, 기존의 금융기관이 파악하지 못한 니즈를 세분화해 금융 기관과 차별화된 상품·서비스를 개발하는 방법과 기존의 유사 금융상품에 모바일 채널 기반의 서비스를 제공하는 방법이 있다.

ICT기업 주도의 상품이나 서비스는 전통적 금융 산업에는 위협적으로 다가올 수 있다. 그러나 기존 금융 기관이 정말 우려해야 할 점은 ICT가 금융을 바라보는 전혀 다른 시각이고, '금융'이라는 용어조차 필요 없는 금융서비스와 상품일 것이다. 이러한 창조적 시각은 그 동안 ICT에서의

상품개발과 관련된 노하우에서 상당 부분 차용될 수 있다.

다섯 번째 필요한 역량은 IT 역량이다. 특히 빅데이터, 딥러닝(Deep Learning), AI 등 금융 판도를 뒤흔들고 있는 고객의 니즈, 행동 분석 등에 필요한 IT역량과 이에 필요한 데이터 풀(Pool)이 필수다. 사실 이런 측면에서 ICT기업은 기존의 금융 경쟁자들보다 훨씬 앞서 있다. ICT기업의 데이터에는 실시간으로 업데이트되는 마케팅용 데이터가 넘쳐 나고 있을 뿐만 아니라 고객 정보는 금융 산업이 갖고 있는 정보 이상으로 정확성이 높은 신용 데이터들이다.

중국의 알리바바나 텐센트가 모두 자체 신용평가 시스템을 구축하고 이를 은행 대출에 연결하는 것이 가능한 것은 정보의 양과 질이 높기 때문이다. 이런 맥락에서 알리바바의 마윈 회장은 알리바바의 비전을 데이터 기술(DT; Data Technology) 기업으로 선언했다.

기존 은행과 금융권도 이러한 빅데이터 분석에 의한 금융서비스 개발에 뛰어들고 있다. 하지만 금융기관을 위해 빅데이터 엔진을 구축해주는 기업들도 ICT기업이고, 소셜네트워크서비스(SNS) 등 빅데이터에 필요한 고객 관련 실시간 정보를 만들어내는 엔진을 소유하고 있는 기업도 ICT기업이다. 이런 ICT기업들이 금융업으로 들어오는 것이 핀테크이고 인터넷전문은행이기 때문에 기존 금융권에 위협적일 수밖에 없는 것이다.

여섯 번째는 리스크 관리 역량이다. 리스크 관리는 핀테크의 핵심이다. 하지만 국내에서 금융 사고라도 발생할 경우, 가뜩이나 강한 규제가 더 강화될 수 있다.

혁신상품개발 역량
• 타겟고객 　– 금융기관에서 관리가 거부된 롱테일 고객. 　– 중위험고객군 　– 젊고 지점 방문을 하지 않는 고소득 전문직 고객 　– 대학생 및 취업희망 대졸자 　– 소상공인. 　– 가격 민감 금융소비자 • 세분된 고객 가운데 신용분석 결과 금융 서비스 제공 가능 고객을 선별하고. 선별 후 세분 고객군/별로 맞춤 상품과 서비스 개발 • 궁극적으로 고객이 자신의 니즈에 맞는 상품 믹스를 디자인 할 수 있도록 모바일내 금융 앱을 개발

IT 역량 (빅데이터, AI 등)
• 고객 행동 데이터 및 거래를 통한 실시간 데이터 분석을 통해 신용 분석 모델 개발 및 마케팅 접근 가능한 IT역량 확보 • 가볍고. 지속적 확장 가능한 시스템으로 설계 • 기존 ICT 기업의 시스템 인프라 최대 활용으로 비용 절감 • 은행 시스템의 부분적 아웃소싱도 고려 (렌딩 클럽의 신용 분석은 Web bank, Paypal의 가맹점 관리는 Wells fargo 등) • 시스템 아웃소싱의 대가로 은행의 미개척 고객 개발에 대한 수익 공유 모델 가능

　금융 리스크 관리는 ICT기업에 있어 가장 생소한 영역일 수 있다. ICT기업이 금융 산업에 진입하게 되면 리스크 관리를 위해 국내외 금융 감독과 규정을 따르고 준수해야 한다. 또한 사전적 리스크 관리를 위한 내부 컴플라이언스 프로세스도 구축해야 한다.

　ICT기업이 리스크 관리 영역에서 대응하기 위해서는 IT적인 접근을 통해서만 가능하다. 다른 측면에서 보면 리스크 관리도 역시 IT 프로세스이고, 상품과 거래 관련 리스크도 그 동안 ICT에서 방법이 없었던 것은 아니다. 오히려 그 동안의 금융 사고들이 시스템보다 사람이 개입된 오퍼레이션 영역에서 더 많이 발생돼온 것을 보면 지점과 인력 의존도가 적은 ICT 핀테크 기업 또는 인터넷전문은행의 리스크 관리가 더 나은 성과를 보일 수도 있다.

　마지막으로 필요한 역량은 핀테크 산업의 발전에 맞춰 갈 수 있는 역량이다. 즉, 핀테크 생태계를 생성시키고 관리하는 역량은 핀테크 산업에 있어 핵심적인 역량이다.

핀테크 요구 역량

리스크관리 역량
• 리스크 관리에서 실패 시 신뢰도 하락 및 규제 강화
• 금융 상품 및 고객 리스크 관리에 대해서 ICT 기업은 자체 개발, 금융사에 아웃소싱, 금융사 인수 등의 옵션 고려
• 사업 초기 금융기관의 리스크 관리 기능의 획득이 타당성 있는 선택임
• 차후 리스크 관리 역량 내재화
• 외부로부터 인력 영입을 통해 단기간 획득하고 내재화 프로세스 개시

생태계 생성 및 관리 역량
• 생태계는 ICT 산업의 이해를 바탕으로 CPND 체계로 구성 가능
• Content (C): 핀테크의 혁신 상품을 지속적으로 공급할 수 있는 창업, 소기업 등
• Platform (P): 핀테크 서비스 제공업체의 상품과 서비스를 고객과 연결 시킬 수 있는 금융 플랫폼
• Network (N): 모바일 뱅킹 등을 위한 통신사, 빅데이터 분석이 가능한 클라우드 업체, 보안업체
• Device (D): 스마트폰 제조업체, IT업체
• 핀테크 생태계의 범위 고려시 이미 상당부분을 관리 통제하고 있는 ICT 기업이 절대적으로 유리

ICT기업은 기존 ICT 생태계에 금융 생태계를 포괄하는 동시에 창의적인 아이디어와 상품들로 핀테크 생태계를 풍성하게 하는 역할을 해야 한다. ICT기업이 융합 생태계 안으로 투입하는 자본력은 금융 생태계의 한계를 넓히고 생태계 속 스타트업들이 성장하는 데 도움이 될 것이다.

종합적으로 살펴보면 핀테크 산업이 발전하기 위해서는 6가지 역량을 갖춰야 한다. 이는 핀테크 고객 유치와 이전(migration) 역량, 모바일 금융 채널 활용 역량, 기존 금융상품과 차별화된 혁신 상품 개발 역량, 빅데이터 등 IT 역량, 리스크 관리 역량, 그리고 핀테크 생태계 생성 및 관리 역량이다. 이 역량을 갖춘 핀테크 인재를 양성하기 위해서는 기업과 학교, 정부가 관심을 갖고 인재 양성 지원 프로그램을 설계하고 운영해야 한다.

7 핀테크 소비자(B2C) 시장 기회 창출

1) 서민금융 혜택 제공으로 B2C 시장 창출

인터넷전문은행은 문턱 높은 일반 금융기관의 금융혜택에서 소외된 서민에게 경제적 혜택의 기회가 될 수 있다. 바꿔 말하면 일본계 대부업체에 의존하고 있는 중·저신용등급의 서민들에게는 인터넷전문은행이 효익으로 다가올 수 있다.

일본계 대형 대부업체와 저축은행은 국내 중·저신용자층(4~10등급)을 주고객으로 빠르게 성장하고 있다. 특히 일본계 대부업체는 대부분 일본에서 1~4%대 저금리로 자금을 빌려온 뒤, 한국에서 최고 30% 이상의 고금리로 중저신용자층에게 대출 상품을 판매하고 있다.

일본계 대부업체 현황

업체명	이자 25%미만		이자 25~30%		이자 30~35%		이자 35% 이상		합계	
	이용자 (명)	대출액 (원)	이용자 (명)	대출액 (원)	이용자 (명)	대출액 (원)	이용자 (명)	대출액 (원)	이용자 (명)	대출액 (원)
산와대부	-	-	-	-	38만	1.7조	5만	2,500억	43만	1.9조
미즈사랑	7백	370만	1,400	120억	11만	3,300억	3만	960억	15만	4,400억
아프로 파이낸셜	3만4천	1,500억	6만	2,300억	21만	7,400억	20만	7,400억	50만	1.9조
합계	4만	1,600억	6만	120억	70만	2.77조	28만	1.08조	108만	4.2조

출처: 금융감독원(2015년 4월)

일본계 주요 대부업체의 자산은 2014년 기준 약 4조 2,000억 원으로 국내 대부업 시장의 약 36.2%를 차지할 정도로 급성장했다. 고금리의 폐단을 방지하기 위해 2015년 4월 대부업 법정 이자율 상한이 34.9%로 인하됐지만, 여전히 이자률 35% 이상의 대출 고객이 존재한다.

중·저신용자층의 대부업 이용현황(단위: 억 원)

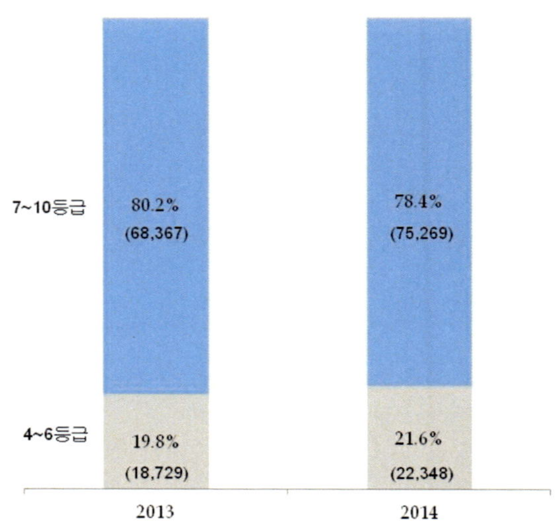

출처: 2014년 대부업 실태조사(행정자치부, 금융위원회, 2015년 6월)

국내의 중·저신용자층은 국내 금융권의 대출을 받기 어려운 금융 사각지대에 처한 계층이고, 핀테크 대출 업체나 인터넷전문은행의 중·저금리 대출 서비스가 있다면 바로 혜택을 볼 수 있는 서민 계층인 것이다.

중신용자(4~6등급)는 약 32만 명(21.6%)으로 전체 대부업 이용자 가운데 21.6%에 이른다. 이 등급 이용자의 총 대출액은 약 2조 2,000억 원으로 전체 대부업 대출의 22.9%를 차지하고, 평균 개인 대출 금리는 약 22%에 달한다(행정자치부, 2015년 6월).

인터넷전문은행은 무점포 운영 등을 통해 비용을 감축해 기존 은행보다 낮은 수수료를 제공할 수 있기 때문에 대출이자도 중신용자(4~6등급)를 대상으로 10%대 중금리 대출이 가능하게 될 것이다. 만약 인터넷전문은행이 빅데이터 분석 기반 중금리 대출을 10% 이자로 제공할 수 있다면 현재 대부업체를 이용하고 있는 중신용자(4~6등급) 32만 명의 채무액 11%를 절감할 수 있을 것이다. 이는 약 2,000억 원에 이른다.

2) 핀테크 서비스로 청년층 시장 창출

인터넷전문은행은 청년층에게도 또 다른 기회를 준다. 담보 능력이 취약한 이용자일지라도 핀테크 기술은 매우 빠른 시간에 소액 대출을 받을 수 있게 도와줄 것이다. 빅데이터 인공지능 등 ICT기술과 실시간 고객 데이터 분석에 기반한 신용 분석을 이용한다면 신용도 심사는 물론, 대출 결정 역시 빠르게 내릴 수 있다. 또한 지점과 전통적인 대출 과정을 없애 여러 운영비용을 절감함으로써 저금리 대출도 가능해진다.

이처럼 효율적인 핀테크 업체나 인터넷전문은행의 신용분석 시스템의 혜택은 1차적으로 금융거래 이력이 적고 담보가 없는 청년층에게 돌아갈 확률이 높다. 즉, 담보 등 제1금융권 대출 요건이 충분하지 않은 청년층은 핀테크 신용평가 모델이 선호하는 교육수준, 자격증, 경력, 잠재소득 등의 요인을 가지고 있고, 모바일 이용률도 높다. 이들은 인터넷전문은행의 고객분석 데이터를 풍부하게 제공해주는 계층이다.

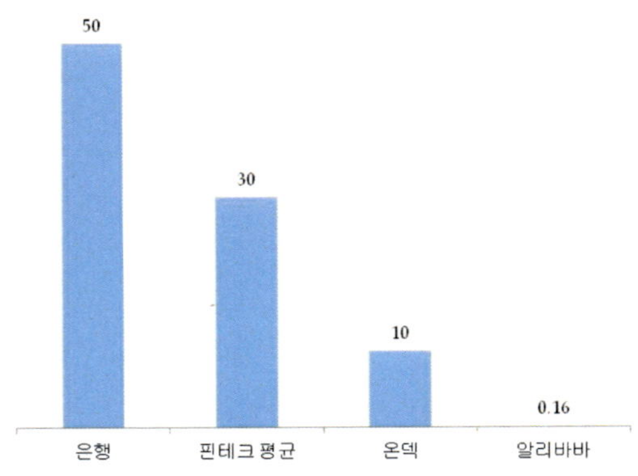

미국의 핀테크 업체 소셜파이낸스(SoFi)는 청년층을 대상으로 교육수준과 자격증, 경력, 잠재소득 등을 토대로 새로운 신용평가 모델을 적용해 학자금 연체율을 11%에서 3%로 낮췄다. 청년층 대상 신용 평가와 신속 대출 서비스는 핀테크 기업의 또 다른 강력한 시장 기회다.

3) 핀테크로 인한 롱테일 고객 시장 창출

핀테크 기술은 자본시장 영역으로 급속히 확장하고 있다. 그 중심에는 인공지능(AI; Artificial Intelligence)를 기반으로 한 로보어드바이저가 있다.

로보어드바이저의 자산운용 성과 논의는 제외하고, 고객 입장에서 가장 눈에 띄는 차이점은 저렴한 수수료율이다. 미국의 경우 로보어드바이저의 수수료는 0.25~0.5%로 기존 자산관리 수수료(1%)의 절반에서 4분의 1 수준이다.

로보어드바이저와 자산관리사의 수수료율 비교

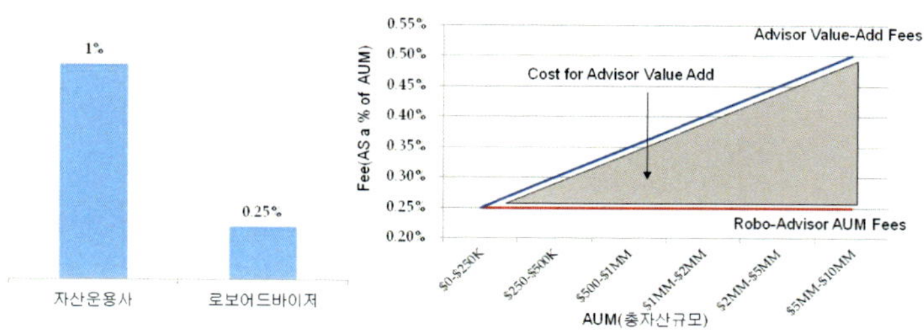

- 인공지능 등 ICT 기반 자산관리 제공에 따른 비용 절감으로 이용고객층 확대
- 미국의 인터넷전문은행 찰스슈워브뱅크는 빅데이터와 컴퓨터 알고리즘 융합한 로보어드바이저 출시, ＄5,000 이상 예치 시 AI 자산관리 제공
- 美 로보어드바이저의 수수료는 0.25~0.5%로 기존 자산관리 수수료(1%)의 절반~1/4 수준

출처: Citi Research(2016년)

핀테크를 통한 자본시장 자산관리 시장 기회

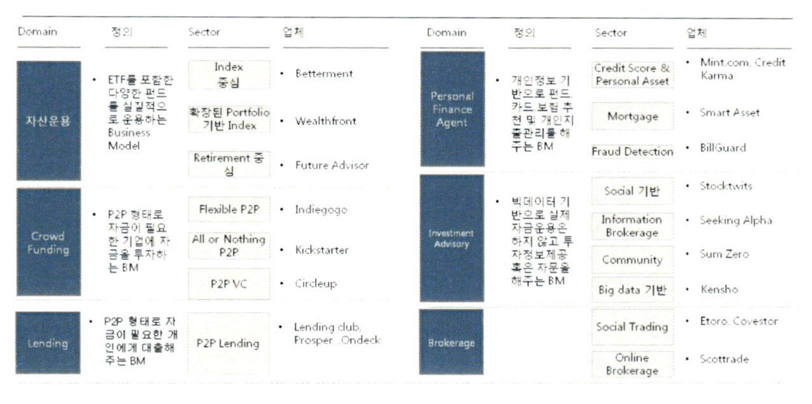

출처: 각사 홈페이지

로보어드바이저는 빅데이터와 컴퓨터 알고리즘을 융합한 운용엔진이다. 미국의 인터넷전문은행 찰스슈왑은 고객이 5,000달러 이상 예치할 경우,

AI 자산관리를 저렴한 비용으로 제공하고 있다. 이미 국내의 전통적인 자산운용사들도 로보어드바이저를 통한 자산관리 서비스를 출시하고 있을 만큼 인터넷전문은행이나 핀테크 기업에게는 검증된 기회다.

ICT기업은 인공지능 등 ICT 기반 역량을 활용해 금융 기관이 맞춤 상담 등의 서비스를 제공하기 힘든 소규모 자산을 보유한 롱테일(long tail) 고객들에게도 월등히 낮은 수수료로 더 나은 자산관리 서비스를 제공할 수 있다.

롱테일 고객을 위한 핀테크 서비스 제공

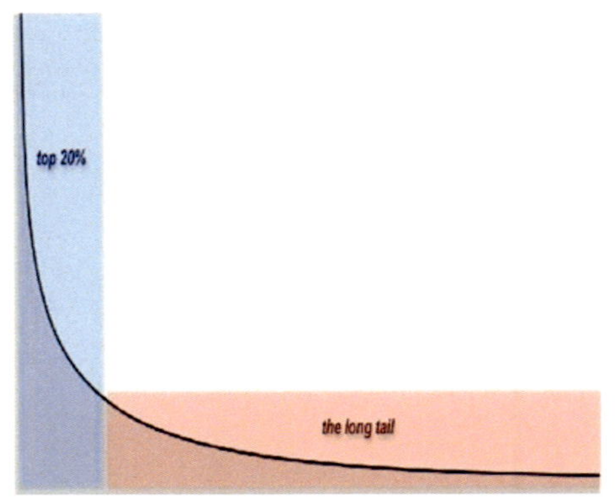

- 핀테크를 통해 높은 수준의 금융서비스가 다수의 롱테일 고객에게로 확대 가능
- 핀테크 고객의 구매 결정 기준, 구매 이유, 채널 이용 선호 등 전반적 구매 행태는 기존 금융 고객과 차별화
- 고객 확대의 핵심 유인으로는 낮고 세분화된 수수료, 대면 영업보다 더 풍부하고 쉬운 상품 추천, 자산별로 세분화된 제품믹스, 스마트폰의 대중화로 인해 젊은 층까지 접근성 확대

4) 핀테크 서비스로 신규 시장 창출

핀테크는 기존 금융권에서 제공하지 못했던 신규 서비스를 개발해 신규 시장을 창출할 수 있다. 또한 기존 금융권이 찾지 못하는 신규 고객의 니즈를 발굴해 새로운 시장을 창출할 수 있다.

이로써 금융을 바라보는 전혀 다른 시각을 전달할 수 있고, 금융이 볼 수 없는 고객 행동과 데이터를 분석할 수 있으며, 금융이 갖고 있지 않은 고객군은 물론, 금융상품 이외 다른 산업(예: ICT) 상품과의 이종결합도 가능하게 해준다.

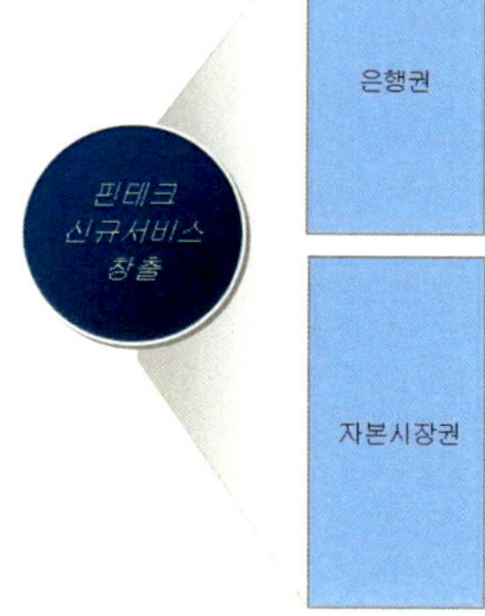

인터넷전문은행은 자사 비은행 플랫폼(전자상거래 포털사이트)을 이용해 전자상거래 데이터와 메신저 이용내역을 기반으로 최소한의 정보를 입력해 대출과 지급결제 서비스 등 '은행이 보이지 않는 은행 서비스'를 신속하게 제공할 수 있다.

인터넷전문은행의 플랫폼 기반 신규서비스

재팬넷은행(야후)	• 야후재팬 옥션사이트와 연계한 간단결제 제공	My뱅크(알리바바)	• 전자상거래 이용내역 분석 기반 대출 서비스(타오바오텐마오따이)
지분은행(KDDI)	• 상대 계좌번호 대신 이동전화 번호를 통한 모바일 자금이체 서비스	We뱅크(텐센트)	• QQ, 위챗 등 메신저 이용내역 기반 대출 서비스(웨이리따이)
라쿠텐은행(라쿠텐)	• 고객 빅데이터기반 온라인 결제 서비스	Yaap(Telefonica)	• 전화번호, SNS 계정 통한 P2P 송금서비스

또한 통신 플랫폼을 갖고 인터넷전문은행을 운영하는 기업은 통신 고객의 전화번호로 금융 계좌번호를 사용하면서 자연스럽게 통신 고객을 금융 계좌를 가진 금융 고객으로 만들 수 있다.

카카오 등 SNS 플랫폼을 가지고 있는 핀테크 업체는 SNS 금융 커뮤니티를 만들어 여기서 발생되는 금융서비스 니즈를 상품화해서 제공할 수 있다. 이는 커뮤니티 안에서 멤버 간의 P2P 대출과 송금 이체 등의 서비스를 포함한다.

유통 플랫폼을 가진 핀테크 업체는 유통망을 이용한 소액 결제나 물품을 구매한 뒤, 잔액을 인터넷전문은행의 취약점일 수 있는 현금 인출의 개념으로 연결시킬 수 있다. 이런 사례들은 기존의 전통적 은행들이 시도하지 않았던 신규 서비스의 개념들이며, 이는 곧 신규 시장 창출 기회를 의미한다.

결국, 인터넷전문은행이 이미 갖고 있는 방대한 고객데이터와 빅데이터, 머신러닝 기술 역량, 24시간 365일 모바일 채널은 지속적으로 창의적인 상품과 신규 서비스를 창출할 수 있는 풍부한 자원의 보고가 될 것이다.

방대한 고객 기반으로 빅데이터 분석에 의한 신규 서비스 창출 및 고객 니즈 변화에 대한 대응

- ☑ ICT 기업의 고객수는 국내 기준으로 3~4천만, 해외 포함하면 3~4억(페이스북 10억 명의 회원 데이터, 카카오 1.5억 명의 가입자 데이터)
- ☑ 고객의 접점과 빈도수는 금융기관 고객과 비교가 안될 정도(카카오 일평균 이용자 2천7백만, 일평균 메시지 전송건수 60억 건)
- ☑ 고객 관련 데이터 실시간 누적과 분석 가능하여 빅데이터 분석 조건 월등(구글 6.2억 방문자의 데이터 10억 건의 생활정보 검색데이터 보유)
- ☑ 매우 높은 고객의 충성도(통신사의 과점상태 지속으로 충성도 정착화)
- ☑ 고객과의 실시간 접점 및 빅데이터 분석을 통해 상품과 서비스에 대한 고객의 신속한 반응과 대응 가능

---

8 핀테크 중소상공인(B2B) 시장 기회 창출

1) 소상공인 저(低) 부담 대출 시장 창출

인터넷전문은행의 중금리 대출은 서민뿐만 아니라 자영업자에게도 직접적인 효익을 창출할 수 있다.

국내 자영업자는 2016년 3월 기준 약 537만 명으로 추정된다. 이중 전체의 21%인 약 253만 명의 자영업자가 520조 원의 대출(한국은행, 2015년)을 받고 있다. 대출 중 비은행 대출 비중은 32.6%에 이르고, 고금리 대출 비중은 17.1%(한국은행, 2015년)다.

자영업 고금리 대출 중 비은행권 평균 조달 금리를 인터넷전문은행의 중금리 수준으로 개선하면 연간 약 10조~25조 원의 이자비용을 절감할 수 있다. 이는 인터넷전문은행이 지점 등 운영비용을 감축해 이익경비율(CIR)을 시중은행의 55~60% 대비 약 35% 수준으로 내릴 수 있을 것으로 가정하고, 빅데이터 등 분석역량을 기반으로 공격적인 6~15%의 중금리 대출이 가능하다는 조건을 전제한 것이다.

이 정도 규모의 이자비용 절감은 저축은행이나 대부업으로부터 고금리 대출을 받고 있는 자영업자가 1인당 매년 3,200만~5,100만 원(또는 월 127만~420만 원)의 금융 비용을 절약할 수 있다는 의미다.

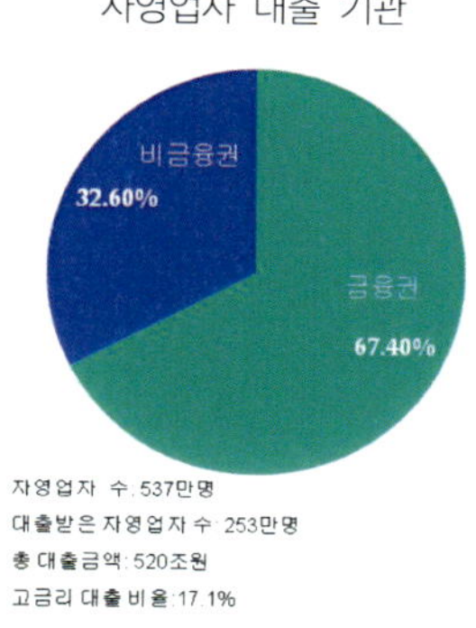

자영업자 대출 기관

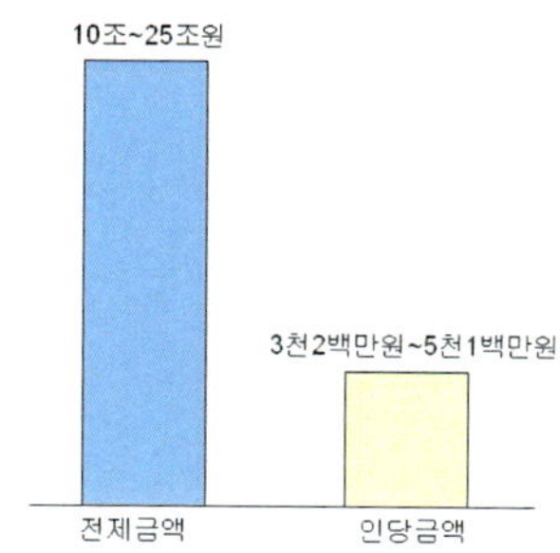

중금리 (6~15%)대출 시 자영업자 이자절감)

출처: 한국은행, 2004~2013년 국세청 자료(2015년)

인터넷전문은행을 통해 이렇게 대출의 질을 개선할 경우, 10년 생존율이 16.4%에 불과한(2004~2013년 국세청 자료) 국내 자영업자에게 매우 실질적 도움을 제공하는 셈이 된다.

미국이나 중국 등 핀테크 솔루션의 상당 부분도 소상공인과 개인 창업자 등을 대상으로 한 소액 대출서비스에 맞춰져 있다. 중국의 알리바바도 자체 신용평가 시스템으로 60만 개의 소기업, 개인 창업자에게 최근 5년간 약 70조 원 소액 대출을 제공하고 있다.

핀테크 기업의 소상공인 시장 공략은 은행의 소위 미들마켓(middle market)에 대한 느슨한 대응에 자극을 주고, 경쟁의 혜택은 소상공인에게 돌아가게 될 것이다.

2) 소상공인 카드 수수료 감소

핀테크 결제 서비스를 이용할 경우, 전통적 지급 결제 과정의 효율화로 수수료가 절감돼 자영업자의 수익이 향상되는 것은 물론, 경쟁력도 강화될 것이다.

대표적인 예로 미국의 드올라(Dwolla) 등 핀테크 결제 서비스업체들의 경우, 10달러 미만 거래에는 수수료를 부과하지 않으며, 10달러 이상의 거래는 액수에 상관없이 0.25달러 수수료를 부과하는 서비스를 제공한다. 이 같은 수수료는 기존 금융 결제망 사용 수수료와 비교해보면 최대 약 25분의 1 수준이다. 특히, 드올라는 2016년 5월부터 거래 규모에 상관없이 모든 거래에 무료 결제 서비스를 제공하고 있다.

이처럼 드올라와 같은 핀테크 업체의 솔루션이 국내에서 적용된다면 카드사와 부가통신사업자(VAN, 밴), 소상공인의 수수료 분쟁 문제를 해결할 수 있다.

또한 1만 원 이하 소액결제 수수료가 없어지면 전체 거래수수료 6조 5,000억 원 가운데 약 6,000억 원을 절감할 수 있다.

종합해보면 핀테크 솔루션이나 인터넷전문은행의 중금리 대출은 서민과 소상공인에게 직접적으로 효익을 가져다줄 것이다. 또한 핀테크 시장 창출로 연간 총 31~39조 원 가량을 절감할 수 있다.

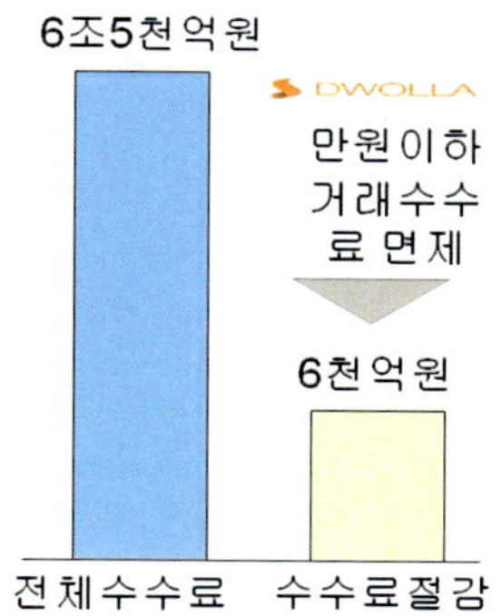

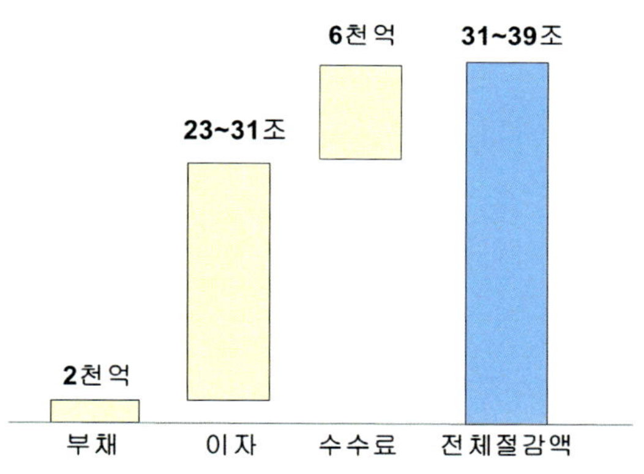

3) 4차 산업 시장 창출

핀테크 산업이 활성화되면 산업 간 융합을 더욱 가속화시킬 수 있어 미래 4차 산업으로 매우 적합하다. 또한 핀테크 산업은 창조적인 성격을 지니고 있어 청년들의 창업에도 적합한 영역이라고 할 수 있다.

산업융합
• 제조업 대비 뒤떨어져 있는 금융 산업 수준 제고
• 금융 산업 혁신을 위해 비금융주력산업의 금융 산업 진입 허용
• 특히 모바일을 통한 혁신적 서비스와 신규 고객군을 다수 확보하고 있는 ICT기업의 진입으로 혁신 가속화
• 이를 통해 세계 최고 수준의 ICT기업과 산업 융합시너지 창출
• ICT 산업과 금융산업 융합을 통한 금융 개혁이 단기간 금융 산업의 고질병을 치료할 수 있는 유일한 솔루션

창업
• 핀테크 산업은 청년 창업에 가장 적합한 산업
• PRIME 정책 (IT인력 육성과 확보를 위한 정책) 등 국가의 교육 정책 방향과 부합된 산업
• 영국, 중국등 핀테크 창업의 대부분이 청년 창업을 통해 이루어짐

앞으로 4차 산업에서는 사람과 사물, 사회가 스마트폰과 네트워크로 연결돼 정보를 실시간으로 교환하는 초연결사회(Hyper-connected society)를 만들어가게 될 것이다.

초연결사회에서는 다양한 기기들로부터 받는 사용자 맥락 정보와 AI 알고리즘에 기반을 두고 고객 맞춤 예금과 대출, 자산관리 등의 금융업뿐만 아니라 생활 모든 영역에서 핀테크가 활용될 것으로 보인다. 또한 맥락 정보를 이용해 사람과 스마트폰, 사물 등 모든 정보가 네트워크를 통해 긴밀하게 연결되기 때문에 굳이 '나'를 인증하지 않더라도 '나'를 입증할 수 있게 된다. 또한 본인이 언제, 어디서, 무엇을 원하는지 알려 주고, 원하는 것을 수행할 수 있게 해주는 기술이 가능해질 것이다.

고용노동부는 2016년 10월 고용정책심의회에서 '4차 산업혁명에 대비한 직업능력개발훈련 제도개편안'을 심의·의결했다. 이를 통해 사물인터넷(IoT)과 빅데이터, 핀테크 등 '4차 산업혁명의 총아'로 일컫는 분야의 직업들이 국가 전략산업 훈련 직종으로 포함될 전망이다.

테슬라의 혁신이 주는 금융업에 주는 시사점

- 4차 산업과 산업 융합의 대표적인 사례 중 하나인 혁신 기업 테슬라(Tesla)는 핀테크 지급결제 솔루션을 개발한 페이팔의 창업자 앨런 머스크가 2003년에 만든 전기자동차 회사다.

- 테슬라는 창업부터 자동차 완성품을 만들기까지 개발기간이 5년 남짓 걸릴 만큼 매우 짧았을 뿐 아니라, 당시 전기 자동차 선도기술을 특허로 보호하고 있었던 토요타 프리우스와 달리 대부분의 특허 기술을 공개한 것으로 유명하다.

- 테슬라의 첫 번째 상용차는 2008년 출시된 전기 스포츠카인 로드스터였다. 로드스터는 성능에 있어 웬만한 스포츠카를 능가했고, 특히 소형 배터리 6,400개를 연결하는 새로운 기술은 큰 관심을 끌었다. 로드스터 모델의 가격은 약 1억 4,000만~1억 5,000만 원 정도의 고가였다.

- 테슬라는 2012년 두 번째 전기자동차인 프리미엄 세단 모델 S를 출시한다. 모델 S 역시 고성능과 동력인 밧데리의 개선된 성능으로 1회 충전에 400km를 돌파하는 주행거리와 60분이면 80%를 충전할 수 있는 기능으로 선풍적 인기를 끌었고 매출도 급증했다. 모델 S의 가격은 약 7,000만~8,000만 원이었다.

- 이후 테슬라는 세 번째 모델인 SUV(모델 X)를 출시하고, 2016년에는 모델 3를 출시하기에 이른다. 출시가 되기도 전에 모델 3는 사전 판매 3일 만에 예약이 27만 대를 초과해 향후 테슬라의 생산능력에 대한 우려가 나올 정도로 성공적인 상품이 됐다. 모델 3의 가격은 3천만~4천만 원 정도다.

- 주목해야할 점은 테슬라가 자동차산업을 보는 관점이다. 테슬라가 자동차산업에 진입해 단 8년 만에 전기차 산업을 주도하고, 1억 5,000만 원짜리 차로부터 3,000만 원짜리 차로 가격을 인하하고, 2,500대로부터 40만 대 이상의 판매를 이룰 수 있었던 것은 테슬라가 기존 제조업의 관점을 가지고 있었다면 불가능한 일이다.

- 테슬라는 자동차를 ICT 관점으로 본다. 완전히 다른 관점으로 기존 제조업의 비효율이 제거할 수 있게 된 것이다. 제조 원가는 극적으로 내려가고, 성능은 올라가며, 공정은 짧아졌다.

- 더 중요한 것은 ICT 관점의 자동차는 더 이상 이동과 운송수단이 아니라는 사실이다. 테슬라는 자동차에 오버사이즈 인포센터를 장착하고, 이를 통해서 자동차 운전자와 소통한다. 테슬라의 인포센터는 상시 인터넷과 연결돼 있다. 인포센터를 통한 소통의 내용은 빅데이터를 위한 다양한 정보가 된다. 자율 주행 기술을 개발하면서 인포센터를 통한 소통이 중요해 지리라고 본 것이다. 인포센터는 인터넷을 통해 보는 일반 정보들뿐 아니라, 위치 정보와 연계된 각가지 마케팅 정보를 포함하고 심지어 스마트폰을 통해 제공하는 여러 종류의 앱(application)도

제공한다.

- 이러한 앱 가운데는 자동차의 성능을 업그레이드하는 선택도 들어있어 운전자가 스마트폰 앱을 선택하듯이 자동차 성능 업그레이드 앱을 시범 사용기간을 통해 사용해보고 최종 선택을 할 수 있다.

- 결국 테슬라에게 자동차는 IT기기인 것이다. 애플의 타이탄 프로젝트 최고 책임자인 제프 윌리엄스가 '자동차는 최고의 모바일 기기'라고 말한 것과 같은 의미다. 이는 구글이 자율주행 자동차에 열을 올리는 것과도 같은 맥락이다.

- 이처럼 ICT기업은 새로운 관점으로 기존 산업에 파괴적 혁신(Disruptive Innovation)을 일으킨다. ICT기업이 자동차 산업에 속속 진입해 위협적인 게임체인저가 되고 있다.

- 이에 비하면 단순한 금융거래 소프트웨어가 구축된 금융 산업에서의 금융시스템은 ICT기업의 몫이었다. 하지만 ICT기업은 이미 준비된 산업에 진입하는 정도 밖에 안 된다. 국내 금융 산업의 진입장벽인 규제가 존재하는 상황에서 금융기관은 테슬라와 같은 ICT기업의 파괴적 혁신 앞에 얼마나 견딜 수 있겠는가?

4) 글로벌 투자 유치

핀테크 산업은 현재 글로벌 투자유치가 가장 활발히 이뤄지는 분야 중 하나다. 이 때문에 앞으로 국내 핀테크 업체가 경쟁력을 갖추기만 한다면 핀테크 규제가 철폐돼 있는 국가에 수출도 가능한 분야다.

2015년 상반기부터 2016년 상반기까지 1년 간 글로벌 핀테크 투자 규모는 195조 원에 달했다. 또한 2016년 2분기 아시아 지역 투자는 3조 5,000억 원에 이르렀다. 이에 반해 한국의 핀테크 투자 유치는 전무했다.

앞으로도 핀테크에 대한 글로벌 투자는 계속 증가될 전망이고, 한국의 핀테크는 기술 개발과 혁신성으로 투자 유치의 파이(Pie)를 가져와야 한다.

영국의 트랜스퍼와이즈는 외국환거래 사업모델을 통해 글로벌 외환거래의 2%만 차지해도 약 1,000조 원의 거래 규모를 달성할 수 있다. 직원 600명에 불과한 트랜스퍼와이즈의 기업가치가 1조 원에 이르게 된 것은 차치하더라도, 영국 입장에서는 고부가가치 기업을 가지게 된 셈이다. 이처럼 국내 핀테크 기술 수출이 당장 어렵더라도 경쟁력을 차근히 갖춰나간다면 앞으로 핀테크 산업은 고부가가치 산업으로 탈바꿈할 수 있을 것이다.

핀테크 산업의 투자 유치 및 수출

투자유치	수출
• 글로벌 투자 유치가 가장 활발히 이루어지고 있는 산업 (2015 2사분기~2016 2사분기: 총 195조원 투자, KPMG report, 2016) • 2016 2사분기만 글로벌 전체 VC를 통한 핀테크 투자는 2.5조원 (2016 KPMG report) • 이 가운데 미국 1.3조원, 유럽 0.4조원, 아시아 0.8조원 • 동기간 아시아지역에서 VC를 통한 0.8조원 외, 기타 핀테크 투자는 2.7조원 (주로 중국 핀테크 투자)이며, 한국은 0원	• 핀테크 기술 수출 잠재성 입증 • 핀테크 수출은 국내 규제 완화 속도가 느려서 우회 전략으로 나온 산물이지만 이미 유럽의 금융기관에서 한국 핀테크 기술 수입 의향을 보임 • 핀테크는 금융업뿐만 아니라 유통, 의료 산업과의 융합을 통한 모델이 나오고 있어서 글로벌 진출 가능성이 높아짐

1) 기존 금융권 비효율 감소로 시장 창출

핀테크나 인터넷전문은행의 최대 강점 중 하나는 채널비용과 인건비 등 다양한 요소에서 비용을 감소시킬 수 있다는 것이다. 이를 통해 궁극적으로 기존 은행이 갖고 있는 비효율을 없애고 총자산이익률(ROA)을 높일 수 있는 강한 동인이 될 수 있다.

독일 인터넷전문은행인 피도르 은행의 직원 대 고객 비율을 국내 은행에 적용시킨다면 보수적으로 봐도 국내 은행의 약 52% 인력만으로도 운영이 가능하다는 것이고, 이렇게 감소된 인건비로 지점 관리 비용을 약 18% 줄일 수 있다.

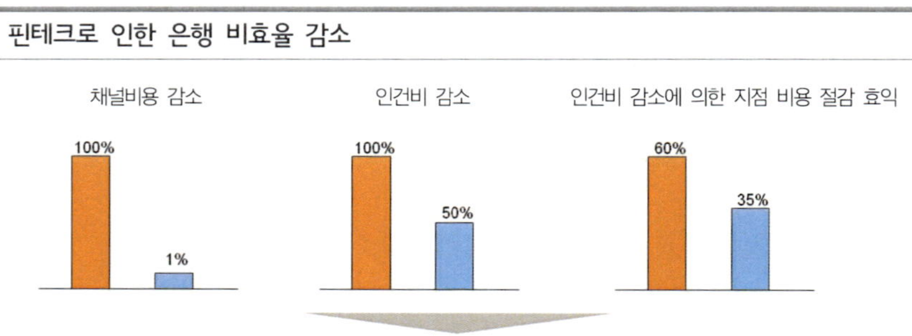

- 독일 피도르은행의 직원대 고객비율은 (260:400,000)이고, 이 비율은 국내 은행에 적용 시 약2천만 고객을 가진 은행의 경우 현 인원 대비 약 52%의 인원으로 운영 가능
- 이러한 비용구조 변화로 지점 관리 비용 절감액은 약 18% 향상되고, 이는 인터넷은행의 이익경비율 35%가 전제됨(기존 은행 이익경비율 55~60%)

출처: 금융감독원, Bain&Company(2015년)

일본의 인터넷전문은행도 ICT기술을 도입해 결제와 송금, 계좌 개설 등에 소요되는 비용을 감축했다. 이를 통해 예금 금리를 인상하고, 수수료를 인하하는 등 이용자 혜택을 확대했다. 기존 은행이 최대 864엔까지 받는 송금 수수료를 면제해주거나 예금 금리도 약 10배가량 높게 책정하고, 이체 수수료도 최대 70%까지 낮춰준다.

이처럼 비효율을 감소함으로써 인터넷전문은행은 기존 은행과의 수수료 경쟁에서 경쟁력 우위를 점할 수 있을 것이다. 이를 통해 고객에게 금리 인상이나 수수료 감면 등의 효익을 전달할 수 있는 동시에 인터넷전문은행 자체의 시장 기회를 만들 수 있을 것이다.

인터넷전문은행과 기존은행의 금리 및 수수료 비교

은행		재팬넷은행	기존은행(미쓰이스미토모)
보통예금 금리		0.010%(100만엔 이하)0.015%(100만엔 이상)	0.001%
정기예금 금리		0.02%	0.01%
타행이체 수수료	3만엔 이상	270엔	864엔(창구)/432엔(인터넷)
	3만엔 이하	172엔	648엔(창구)/216엔(인터넷)
자행이체 수수료	3만엔 이상	54엔	540엔(창구)/108엔(인터넷)
	3만엔 이하		324엔(창구)/108엔(인터넷)

출처: 각 은행 홈페이지(2016년)

2) 핀테크와 금융 보안시장 창출

한국뿐 아니라 미국에서도 매년 1억 달러 이상의 금융 사고는 발생하고 있다. 전자금융 위주의 핀테크에서 보안은 더욱 중요한 요소다. 국내 핀테크의 성공적 안착을 위해서라도 ICT기업은 금융보안에 각별한 관심을 기울여 최적화된 시스템을 구축해야 한다.

미국 내 금융사고 피해액 증가 추이

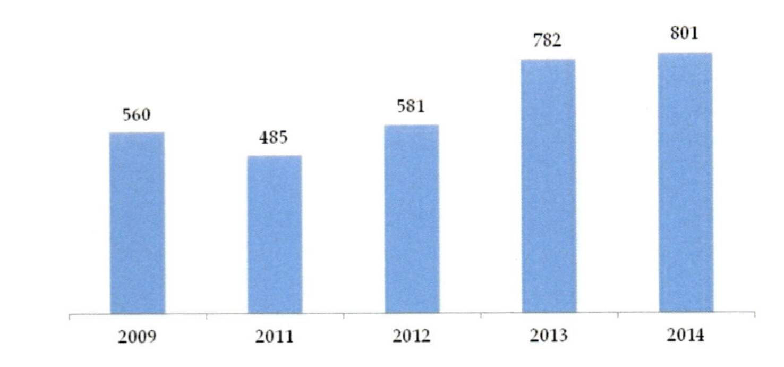

출처: FBI(2014년)

JP모건체이스는 금융 사고를 최소화하기 위해 연간 2,000억 원의 예산을 전자금융 보안에 투입하고 있다. 페이팔은 이상금융거래탐지시스템(Fraud Detection System; FDS) 전문 보안회사인 프로드사이언스를 1억 6,700만 달러에 인수하는 등 보안과 관련한 투자를 확대하고 있다.

국내에서는 2012년부터 2015년 7월까지 28건의 금융 보안사고가 발생했다. 이중 인터넷 보안 피해는 2012년부터 2014년까지 2년간, 7,554건, 349억 원(2012년)에서 19,056건, 861억 원(2014년)으로 2배 이상 증가했다(금감원, 2015년).

직원 사기 등 금융 사고 규모도 최근 5년간 720건을 기록했다. 특히, 2010년 경남은행에서는 은행장의 인감을 도용하여 4,400억 원을 보증해 돈을 빼내는 대형 금융 사고가 발생했다. 2014년에는 국민카드와 농협카드, 롯데카드 등으로부터 1억 4,000만 건의 고객 정보 유출 사고가 일어났으며, 국민은행 도쿄지점 부당 대출로 은행에 막대한 손해를 입히는 사고가 불거지기도 했다(금융감독원, 2014년 8월).

그렇다면 우리는 얼마나 핀테크나 인터넷전문은행의 보안과 관련한 준비가 돼있을까.

ICT기업의 보안 기술

회사명	비대면인증	특징
퀄컴 (미국)	지문인식 (초음파)	- 초음파 기반 3D 지문인식 솔루션 개발('15.3월) - 손가락 상태에 관계없이, 지문인식 전용 패널 불필요
야후 (미국)	신체 일부	- 신체 일부를 스캔, 인증가능한 '보다프린트' 개발('15.5월) - 정확도 99.5%로 높은 보안성
알리바바 (중국)	얼굴인식	- 카메라에 얼굴 전체를 인식, 인증('15.3월) - 다양한 각도에서 빠르고 정확한 인증 가능
후지쓰 (일본)	홍채인식	- 적외선 카메라로 홍채 패턴 인식, 인증('16) - 홍채의 정보는 평생 변하지 않고, 높은 보안성을 지님

각국의 ICT기업은 지문과 홍채, 정맥 등 다양한 보안서비스 기술을 개발하는 동시에 상용화를 꾀하고 있다. 퀄컴은 손가락 상태에 관계없이 인식이 가능하게끔 하는 초음파 기반 지문인식 솔루션을 개발했다. 또한 후지쓰나 삼상전자는 적외선 카메라로 홍채를 인식해 본인을 인증하는 기술

을 개발했다.

　ICT기업의 보안 기술은 첨단을 선도하고 있고, 금융은 이러한 보안 기술을 도입하고 있는 상황이다. 첨단 모바일 보안 역량을 보유하고 있는 ICT기업이 핀테크 기술 개발이나 인터넷전문은행에 적극적으로 참여한다면 국내 금융 보안 수준도 향상될 수 있을 것이다. 또한 모바일 뱅킹이 고도화되면서 이에 맞는 최첨단 보안 시스템 시장도 ICT기업이나 핀테크 기업이 놓칠 수 없는 사업 기회가 될 것이다.

국내 인터넷전문은행의 보안 대책

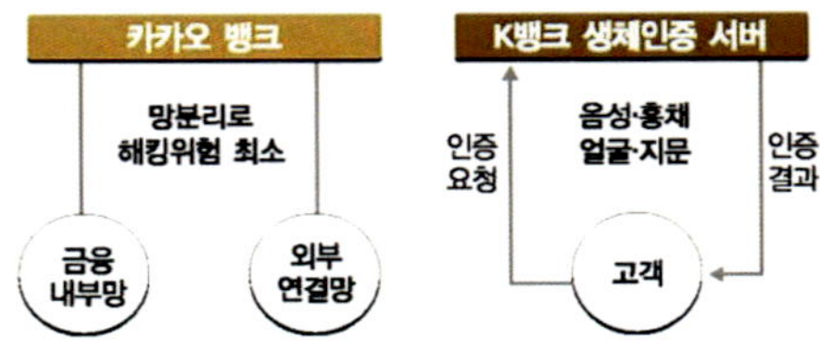

3) 궁극의 보안 솔루션, 블록체인

　인터넷전문은행에 필요한 보안기술은 본인 인증 기술만이 아니라 다양한 금융거래에서 발생될 수 있는 리스크를 줄이고 방지할 수 있는 기술을 포함한다.

　블록체인은 네트워크 내 모든 참여자가 공동으로 거래 정보를 검증, 기록, 보관함으로써 '공인된 제3자' 없이도 거래 기록의 신뢰성을 확보할 수 있는 분산원장 기술로, 보안시장에 있어 매우 중요한 기술로 떠오르고 있다.

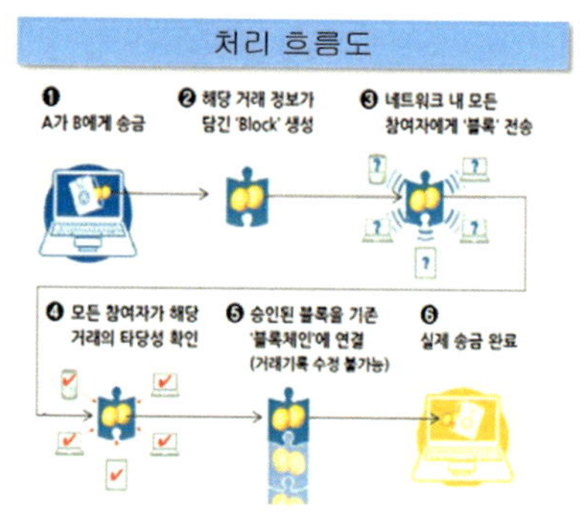

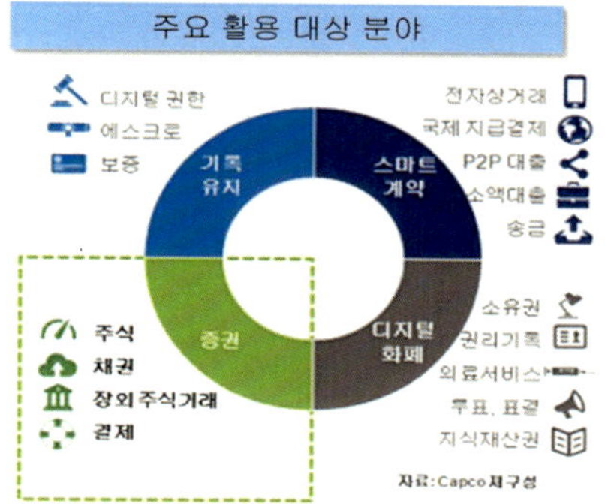

출처: 코스콤

최근 국내에서도 블록체인 기술에 대한 관심이 높아졌으며, 이에 따라 투자도 이뤄지고 있다. 블록체인 기술은 보안뿐 아니라 편의성과 투명성 등의 장점까지 갖추고 있어 앞으로 이를 활용할 방안에 대한 고민이 필요하다.

해외에서는 이미 미국의 나스닥(NASDAQ)을 포함해 거래, 계좌관리, 청산 업무 등에 사용하기 위한 블록체인 플랫폼 개발 등이 활발하게 이뤄지고 있다. 블록체인 플랫폼과 산업 표준을 만들기 위해 컨소시엄에 포함된 업체들을 보면 거래소와 핀테크 기술 업체, 은행, IT 컨설팅사, 증권사, 보안시스템통합(SI) 회사 등 매우 다양해 앞으로 블록체인 기술이 광범위한 분야에 적용될 것이라는 것을 예상할 수 있다.

블록체인의 특성

✔ 보안	자체 암호 이용의 편의
✔ 복제불가	금융 거래내역을 조작할 수 없음
✔ 유일성 보장	거래내역의 중복 발생 원천봉쇄
✔ 통제권	분산원장 참여 멤버에게 권한 분산
✔ 분산관리	모든 멤버와 거래내역 공유
✔ 비용	시장충격비용이 현저히 감소
✔ 준법감시	분산원장에 감사 기능 내재
✔ 투명성	스마트계약으로 거래내용을 투명하게 관리할 가능성

출처: CELENT, Oliver Wyman, "BLOCKCHAIN AND SMART CONTRACTS IN SECURITIES"(2016년 2월)

해외의 블록체인 플랫폼 개발

NASDAQ

- Linq 플랫폼 발표('15.12) - 블록체인 기반 NPM(나스닥 비상장주식 거래시장)
- 에스토니아 탈린거래소 의결권 위임 투표(Proxy voting) 파일럿 프로젝트 진행 ('16.2)

Open Ledger 프로젝트

- '15년 12월 출범
- 공개 소프트웨어 기반으로 금융기관외 다양한 분야에 블록체인 기술 융합을 위한 Hyperledger 프로젝트 시작
- 리눅스재단, IBM, 인텔 등 IT 업계 + 독일거래소, 런던거래소, JP모건, SWIFT 등 금융권 참여

R3CEV 컨소시엄

- '15년 9월 50여개의 금융회사들이 미국의 블록체인 선도업체인 R3와 컨서시엄 구성
- 금융기관간 계약을 기록, 관리, 동기화하기 위한 블록체인 플랫폼 개발 중

Digital Asset Holding 컨소시엄

- 호주거래소 결제 플랫폼에 블록체인기술 적용 목표
- 엑센추어, ABN암로, CME, BNP파리바, CME, Citi, 독일거래소, DTCC, JP모건 등
- '15년도 출범

국내도 2016년부터 금융당국과 은행, 자본시장 등에서 블록체인 활용을 위한 고민을 시작함에 따라 조만간 블록체인에 대한 가이드라인이 제시될 것으로 보인다.

금융 당국
- [금융위] 블록체인 실무T/F 구성 ('15.12)
  - 은행, 유관기관, 기술업체
- [금감원] 블록체인 활용방안 제시 ('15.12)
- [한은] 중장기 지급결제업무 추진전략 발표 ('16.1)

자본시장 유관기관
- [거래소] 전담조직 구성 및 대응방안 발표 ('16.2)
- [금투협] 장외거래에 블록체인 활용 검토 ('16.1)

은행권
- 블록체인 기술업체에 대한 투자 및 제휴
  - 해외송금, 인증서, 문서보안 서비스 개발
- R3CEV 컨소시엄 참여 추진 중 ('16.1 ~)

국내 블록체인 기술업체
- 비트코인 거래소를 비롯하여 결제 및 송금 전문 서비스 업체가 주축, 최근 블록체인 플랫폼 기반 스타트업들 생겨남
- 스케일체인, 블로코, 코빗, 코인플러그 등

핀테크와 함께 전 세계적으로 큰 관심을 끌고 있는 블록체인 발전을 위해 우선적으로 필요한 것은 국내 블록체인 로드맵이다.

로드맵의 첫 번째 단계는 목표를 설정하는 것이다. 블록체인 기술의 지향점은 핀테크 산업과 연관 지어 생각해볼 수 있다. 즉, 블록체인 기술은 핀테크 산업의 기반 기술로 연관돼 전 세계적으로도 논의와 개발이 시작된 지 얼마 안 된 기술이다. 이 때문에 뒤떨어진 국내 핀테크 산업의 경쟁력 확보에 블록체인 기술이 중요한 역할을 할 수 있다는 점을 고려해야 한다. 이것이 블록체인에 대한 과감한 투자와 지원이 시급한 이유다. 이런 관점에서 정부는 블록체인의 지향점을 설정하고, 핀테크 산업의 로드맵과 연계하는 작업을 통해 궁극적으로 금융 산업 혁신이라는 목적을 달성하도록 해야 한다.

블록체인 로드맵(가안)

방향 설정	기술 로드맵	산업 생태계	시장
■ 블록체인 지향점 설정 - 글로벌 블록체인 기술 종주국 - 50대 기업내 국내기업 10개 포함 - 1조이상 투자 유치 - 국내 블록 체인 시장 창출 ■ 핀테크 기술과 연결을 통해 핀테크 산업 활성화 ■ 금융 산업 혁신의 trigger	■ 글로벌 기술 발전 방향 분석 ■ 기술 트랜드 공유와 국내 블록 체인 기술 로드맵 수립 ■ 로르맵에 따른 산업 및 기술 기업 육성 플랜 ■ 산학연 기술 연구협업 프로젝트와 협업 플랫폼 조성 ■ 원천기술 개발 조기화로 글로벌 표준 형성 노력	■ 금융, 서비스, 공공 섹터에서 블록체인 활용을 위한 가이드 제시 ■ 블록체인 생태계의 player들 구성 ■ 블록 체인과 핀테크 산업의 연계로 보안등 구제 걸림돌 해소 ■ 핀테크 생태계와 블록체인 생태계의 융합 후 시너지 확보로 글로벌 공략	■ 금융, 서비스, 공공 분야 블록체인 적용 기술 적극 활용으로 시장 형성 ■ 블록체인 인력 약성과 인재 시장 형성

두 번째 단계는 블록체인의 글로벌 기술 발전 방향을 분석해 국내에서 개발해야 할 기술을 도출하는 것이다. 이를 기술 로드맵에 담고 기술 개발을 실행하되, 가능한 많은 수의 원천기술들이 국내 기술에 의해 개발될 수 있도록 하는 것이 목적이다.

마지막으로 블록체인의 활용을 위한 가이드라인을 제시해 시장에서의 활용도를 끌어 올리고, 참여자와 시장 형성 등을 위한 블록체인 생태계 조성과 시장 형성에 대한 방안도 준비해야 할 것이다.

블록체인 기술과 핀테크 산업 발전, 그리고 4차 산업은 상호 보완적이다. 즉, 블록체인 기술을 통해 보안성이 강화되면 핀테크 산업이 급속하게 발전할 것이다. 또한 보안성이 담보가 되면 나머지 기술들이 융합돼 핀테크 산업은 한층 더 가속화될 것이다.

또한 비트코인의 채굴과 연계돼 발전돼온 블록체인의 보안 기술은 가상화폐를 발전시켜 정부와 금융권이 가상화폐 발행을 승인하도록 할 것이다.

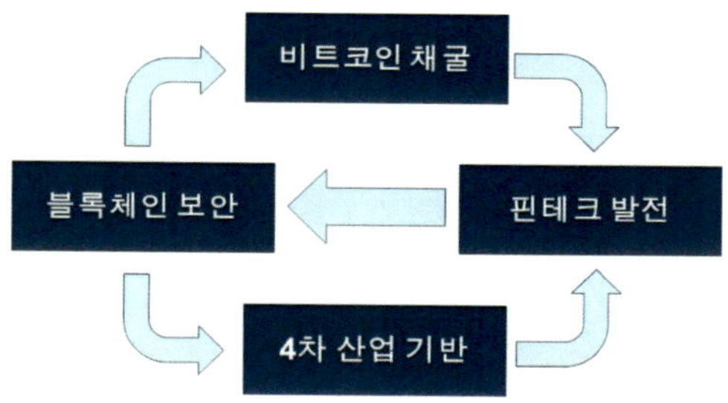

4차 산업 혁명과 핀테크

미국유엔보고서는 2020년까지 한국에서 추락하는 요소를 아래의 7가지로 전망했다.

- 인구감소로 국가경쟁력 추락
- 자동차 산업의 추락
- 전력공급기업의 추락과 대체에너지 부상
- 철강 산업의 추락과 신소재의 부상
- 제조업, 유통산업의 추락과 3D 프린터
- 대학교의 추락과 교육의 대변혁
- 스마트폰의 추락과 사물인터넷의 부상

이러한 시나리오는 자동차, 반도체, 조선, 철강, 스마트폰으로 견지해온 한국의 산업구조와 경쟁력에 직접적인 위협을 드리운다.
4차 산업의 중요성이 부각되는 이유다. 대개 빅데이터, 사물인터넷(IoT), 클라우드 서비스, 산업 융합, 데이터 과학 등으로 표현되는 산업혁명은 4가지의 주요 기술적 트렌드를 로봇화, IT 융합, 생산 유연화, 센싱과 정밀화로 구분한다.

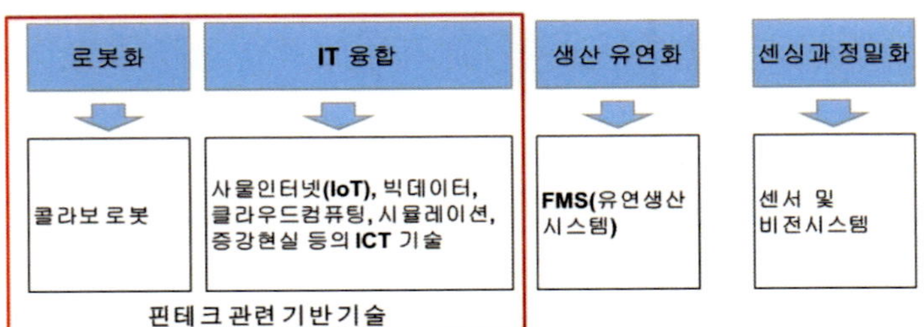

출처: 대우증권, "Motion Control"

이 가운데 핀테크와 관련된 기반기술이 로봇과 IT융합과 관련된 기술이다. 로보어드바이저, 빅데이터, AI, 클라우드컴퓨팅은 모두 금융의 혁신을 위해 핀테크 솔루션에 적극적으로 활용되는 기술이다.

즉, 핀테크의 발전은 4차 산업 발전과 밀접하게 연결돼 있고, 4차 산업이 한국의 미래 생존 산업이라면 핀테크 산업의 발전은 금융의 한 분야 정도로 봐져서는 안 된다는 결론이다.

블록체인 기술과 4차 산업의 연관성은 어디에 있는가? 핀테크 기술 발전에 있어 보안이 절대 전제가 됨을 본 것과 같이, 공유, 융합, 자율 등을 키워드(key word)로 발전되는 4차 산업혁명 기술의 최대 난관 역시 보안성과 투명성 확보다.

클라우드 내 고객의 금융데이터가 악용되는 리스크, 자율주행차를 해킹해 의도적 사고를 내는 경우, 사물인터넷을 이용해 불을 내는 경우 등이 모두 4차 산업 발전과 더불어 해결돼야 하는 문제이고, 블록체인은 소위 탈중앙화, 보안성, 투명성을 통해 해결책을 제공한다.

탈중앙화: P2P 분권화, 직접거래, 금융거래 인프라 분산

- 보안성: 위변조 불가, 단일 장애점(Single point of failure) 불가, IT 보안비용 절감(인증서 불필요)
- 투명성: 보안정보 공유를 통해 획기적인 투명성 제고(공공, 행정, 정치, 금융서비스), 감독 및 규제비용 절감

즉, 블록체인은 핀테크 기반일 뿐 아니라, 활용 범위는 4차 산업 전반에 확대될 수 있는 기술이다.

지금까지 정책과 자본, 역량, 시장 창출 관점에서 국내 핀테크 산업을 발전시키기 위한 핵심 전략 과제들을 살펴봤다. 이를 다시 정리하면 다음과 같다.

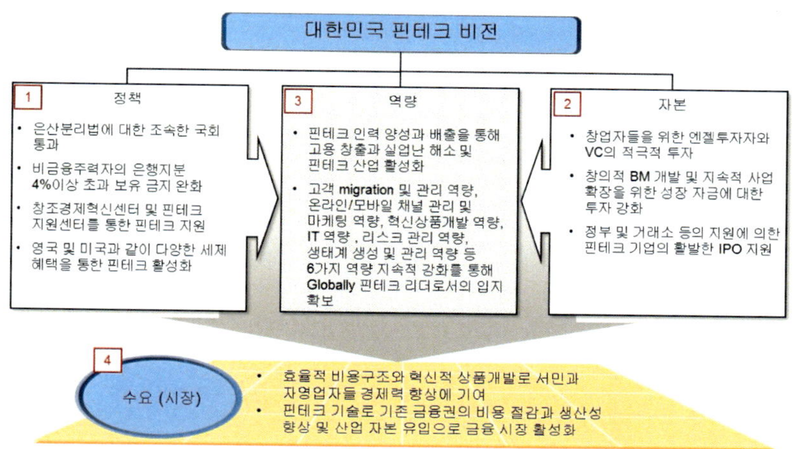

한국의 핀테크 비전을 달성하기 위해 국가 차원의 포지셔닝은 어떻게 세워야 할까? 물론, 한국의 핀테크 산업의 낙후성과 미흡한 역량 등을 고려하면 단번에 글로벌 핀테크 선도국이 될 수는 없다.

여기서는 이른바 '핀테크 포지셔닝 맵'을 제시한다. '전략적 경로(Strategic Path)'로서 한국의 핀테크 산업이 나아가야 할 길을 다섯 단계로 도식화했다.

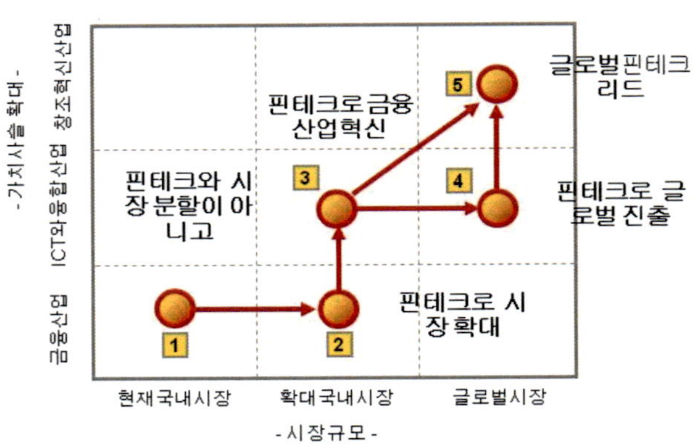

한국의 핀테크 산업은 국내 시장과 금융 산업의 테두리를 벗어나지 못하고 있는 상황이다(1번 포지션). 규제 완화 등을 통해 핀테크 산업이 국내에서 경쟁력을 갖추고, 수익 구조도 개선되면 핀테크 산업의 영향력은 더욱 확대될 것이다(2번 포지션). 1번 포지션에서 2번 포지션으로 이동함으로써 이루려는 것은 기존 금융 시장의 분할이 아니고, 핀테크 산업으로 금융 시장의 파이를 키우자는 것이다.

이 단계가 지나면 기존 산업과의 경쟁이 시작된다(3번 포지션). 그러나 이를 부정적으로만 볼 수 없는 것은 국내 기업이 하지 않으면 결국 해외 핀테크 기업들이 2번 포지션을 거치지 않고 바로 국내 금융 시장 잠식을 해나가게 될 것이기 때문이다.

국내 핀테크 산업이 3번 포지션에 이르면 남아있는 전략적 선택은 두 가지다. 하나는 국내 경쟁력으로 곧바로 글로벌 핀테크 시장에 진출하는 것이며, 다른 하나는 국내 핀테크 기업과의 기술 수출을 통해 해외 시장에 침투해 글로벌 시장의 선도적 위치를 차지하는 것이다.

제5장

결론

1 요약

　핀테크 산업은 2015년 세계경제포럼(WEF)의 주요 의제가 될 만큼 매우 중요한 금융 트렌드가 됐다. 핀테크 강국인 미국과 영국, 중국 등은 핀테크 산업에서 괄목할 성장을 이뤘다. 이들은 앞으로도 기존 금융 산업을 성장 산업으로 보고, 지속적으로 지원할 방침이다. 정부 지원의 핵심은 '규제 철폐'다. 전 세계적으로 가장 우수한 핀테크 허브로 평가받는 영국 정부는 핀테크 규제 철폐의 노하우(Know-how)를 적극적으로 홍보하고 있다.

　반면, 한국 핀테크 산업의 현 주소는 처참한 상황이다. 전 세계 핀테크 500대 기업에 단 한 기업도 포함되지 못하고 있고, 핀테크와 관련된 규제 완화 수준은 최악의 수준이라고 해도 과언이 아니다. 앞서 언급된 여러 이유로 은산분리를 포함한 수많은 규제를 풀지 못하고 있다.

　정부는 어려움에 처한 핀테크 기업의 해외 진출을 장려하고 있지만, 국내에서 사업 모델과 기술을 검증하지 못한 스타트업들에게는 매우 힘든 도전이다. 자금과 네트워크 측면에서 수천 배 규모가 큰 국내 금융기관의 해외 진출은 성공적이었는지를 살펴보면 핀테크 기업들에 해외 진출을 장려하는 정책이 타당한 것인지 다시 생각해보게 한다.

　이미 한참을 뒤쳐진 핀테크 산업을 발전시켜 글로벌 경쟁력 80위권에 머물러있는 금융 산업을 혁신하려면 복합적인 정책과 노력이 필요하다. 이를 다섯 가지 영역으로 정리하면 다음과 같다.

- 비전 수립: 핀테크 산업의 지향점과 글로벌 포지셔닝, 이를 통한 금융 산업 개혁과 글로벌화 등 비전 수립
- 규제 완화: 산업 활성화를 위한 정부 및 초당적 합의로 글로벌 수준으로 (네거티브) 금융 규제의 전폭적 완화

- 자본 조성: 핀테크 기업의 성장 단계별 자본 유입 유인과 지원을 위한 정부 지원, ICT 산업자본 유입 허용
- 역량 강화: 핀테크 인재 양성과 창업, 일자리 창출의 선순환 창출을 위한 인프라 설립과 지원
- 시장 조성: 핀테크 기업의 경쟁력을 강화시켜 줄 수 있는 국내 시장 기반 조성(서민과 자영업자 금융비용 절감, 산업자본 유입, 금융 빅데이터, AI, 블록체인 등 신기술 산업 발전)

2 핀테크 그랜드 플랜과 액션 플랜

전략적 과제들을 연도별, 과제별로 정리한 '핀테크 산업 발전 그랜드 플랜'을 제안한다. 특히 앞에서 언급한 핵심 전략 과제 가운데 5가지 주요 사안에 대해 '5R' 정책으로 가칭한다. 2016년 은산법 완화 결정과 함께 인터넷전문은행을 승인하면, 2017년에는 핀테크 산업 활성화를 위해 부차적인 규제들을 지속적으로 완화시키고(Remove Regulation), 이를 새로운 컨트롤타워(Reverse Agent)의 주도로 핀테크와 금융에 대한 산업 비전(Re-position)을 만들어 핵심 과제들을 이행한다. 이와 함께 가용 인력 조달과 인재 양성을 정책으로 지원하고(Re-educate Resource), 핀테크 산업 내로 충분한 자본이 유입되고 형성될 수 있도록(Raise Fund) 해야 뒤떨어진 한국의 핀테크 산업과 금융 산업의 경쟁력을 높일 수 있을 것이다.

마지막으로 구체적인 액션플랜을 제시한다. 액션플랜에서는 한국투자공사(KIC) 등 공공기관의 핀테크 기업에 대한 직접 투자를 포함했다. 이는 핀테크 산업에 대한 정부의 적극적 지원을 상징적으로 보여주기 위한 것이다. 앞서 언급된 프랑스 정부의 'French Tech Ticket'이라는 프로그램과 같은 직접 지원 방식을 도입하는 것을 제안하고자 한다. 또한 금융권 공동 핀테크 오픈 플랫폼도 지적된 문제를 하루빨리 해결해 더 많은 수의 핀테크 기업들이 거래 정보 등 의미 있는 금융 데이터를 저렴한 가격에 활용할 수 있도록 해줘야 한다.

한국 핀테크 산업 발전 그랜드 플랜

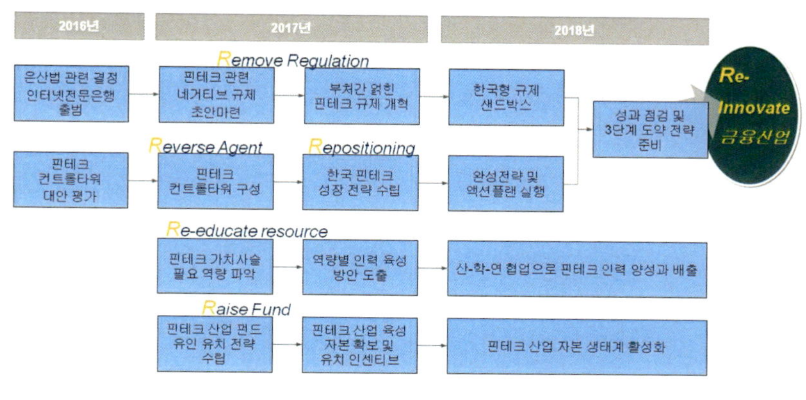

실행 주체별 핀테크 산업 비전 실행 과제

현 정부의 과제	차기 정부의 과제
• 규제 프레임의 전격적 변화	• 한국형 규제 샌드박스 구축
• 은산 분리 법 통과	• 규제 지속적 철폐
• 핀테크 콘트롤 타워 변경	• 금융산업 혁신 전략 구축
• 핀테크 산업 성장 전략 수립	• 핀테크와 글로벌 진출 전략 수립
• 핀테크 인재 육성 프로그램	• 핀테크 인재 배출, 고용 프로그램
• 핀테크 산업 육성 펀드 조성	• 핀테크 산업 자본 생태계 활성화

핀테크의 보안 영역을 채워줄 수 있는 블록체인도 기술 개발과 발전에 있어 한국이 주도권을 갖게 되면 지금까지 뒤쳐진 핀테크 산업의 상대적 열위를 상당히 극복할 수 있을 것이다. 이를 위해 블록체인 로드맵을 따라 다양한 참여기관이 효율적으로 협업을 해나가야 한다.

정부는 컨트롤타워 기능을 충실히 수행해 블록체인과 핀테크 비전이 효과적으로 연계되도록 해야 한다. 우선 정부의 공공서비스 분야부터 블록체인과 핀테크 기술을 적극적으로 도입해 신기술에 대한 활용성을 높이고, 안전성에 대한 소비자들의 신뢰를 높여줄 필요가 있다.

한국 핀테크 산업 발전 액션 플랜

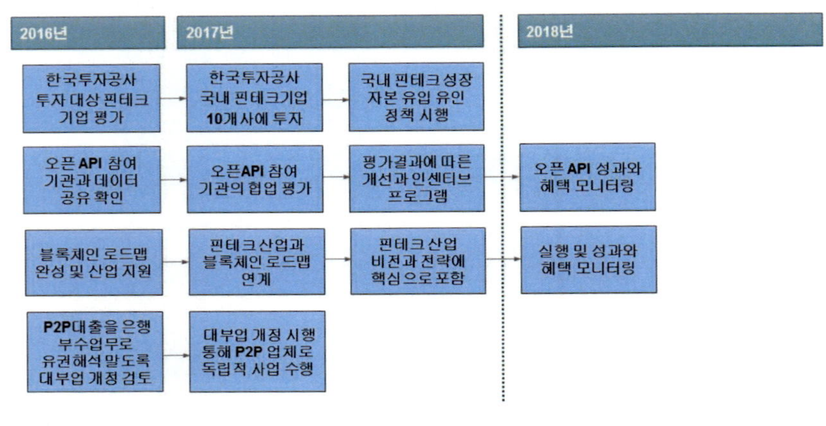

실행 주체별 핀테크 산업 액션 플랜 실행 과제

현 정부의 과제	차기 정부의 과제
• 대표적 핀테크 기업과 기술에 투자	• 핀테크 500대 기업에 최소 10개 국내 기업 포함
• 오픈 API 참여와 실효성 확대	• 블록체인 기술로 글로벌 리드
• 블록체인 로드맵 수립과 핀테크 전략 연계	• 아시아 핀테크 기술 거래소 설립
• 연기금, 해외 핀테크 기업 M&A	• 핀테크 해외 시장 진출 거점 구축
• 핀테크 기술인력 수립	• 공기관, 핀테크 서비스 의무 활용
• 공기관, 핀테크 발행채권 총액인수	• 5개 이상의 인터넷전문은행 허용
• 핀테크 활용 교육 프로그램	• 금융 산업 글로벌 50위권 진입

　이러한 과정을 통해 핀테크 기술 업체는 공공 시장에서 올린 수익을 토대로 더욱 개선된 기술 개발에 매진할 수 있게 될 것이다. 이는 결국 규제 완화와 핀테크 기술에 대해 이중적 태도를 보이는 금융기득권층을 움직이게 할 것이다.

　소비자에게는 신속함과 편의성을, 핀테크 기업에게는 수익 창출과 창의적 기술 개발을, 금융 산업에게는 혁신을 통한 경쟁력 향상을, 경제 전반에는 실물 경제 활성화 등의 혜택을 줄 것이다. 핀테크로 변화와 혁신의 물꼬를 트고 4차 산업혁명을 주도하게 될 것이다.